쓸모
인류

쓸모
인류

어른의
쓸모에 대해
묻다

빈센트와
강승민 지음

몽스북
mons

한 남자의 '오래된 쓸모'

'쓸모 있는 + 인간'

누군가의 인생에 '쓸모'라는 잣대를 들이민다? 궁금하면서도 삐딱한 마음으로 책을 열었다. 어느덧 인생 쓸모를 다한 것 같아 헛헛해진 40대 중반의 남자와 청춘보다 더 에너제틱한 68세 빈센트의 이야기는 금세 나를 사로잡았다.

두 남자는 주로 아침 일찍 만났다. 이들의 아침 대화는 쓸모 있고 생생하다. 나도 이 대화에 한자리 끼어들어 '어른의 쓸모'에 대해 얘기 나누고 싶어진다. '쓸모 인류'이자 '요리 인류'인 빈센트의 부엌에서 그가 손수 만드는 못난이 빵을 먹으며 그의 삶을 가까이 지켜보고 싶은 욕구가 생긴다.

한 남자의 인생을 통해 차곡차곡 쌓아온 '오래된 쓸모'가 응축되어 한 권의 책으로 나왔다. 300세까지 살고 싶다는 빈센트는 여전히 자신의 쓸모를 갈고닦는 일에 즐거움을 느낀다. 누구를 위한 일도 아니다. 보다 주체적인 삶을 위함이다.

　이제라도 늦지 않았음을 깨닫고 싶은 이들, 이렇게 '차곡차곡'의 방법으로 삶을 다시 세팅해보고 싶은 젊은이들에게도 권하고 싶은 책이다. 이 책을 읽고 배운 바. 나잇값은 하지 않기로, 지조 있게 살기로, 한 번쯤 정말 내 뜻대로 살기로 한다. 실패 앞에서 너그러운 어른이 되기로 한다. 책에서 언급한 대로 쓸모 있는 어른이 된다는 건 다가온 인생의 실패를 능숙하게 다룰 수 있다는 말과 통하기 때문이다.

　── 김정운(문화심리학자, 『나는 아내와의 결혼을 후회한다』 저자)

문득 자신을 돌아보는 날이 있다.

기본 없이 버텨온 삶이 한계에 다다른 어느 날,

흔들렸으나 넘어지지 않으려 애를 쓴다.

그런 날을 마주하니 알겠다.

다행히 넘어지지 않는 법은 배웠으나,

다시 일어서는 법은 배운 바가 없다.

내 삶의 '쓸모'를 찾아 나서는 여정은

그렇게 시작되었다.

인생의 STOP 신호가 켜질 때

인생 어느 때, 훅 하고 'STOP' 신호가 점등하는 순간이 있다.

'멈추라'는 사인은 거리에서 쉽게 만나는 횡단보도의 신호등과 차이가 없다. 빨간불이 점멸하면 멈출 시기다. 다른 게 있다면 시간의 차이다. 거리의 신호등이 기계적으로 전진Go과 멈춤Stop 사인을 반복하는 반면, 인생의 신호등은 일정 시간의 반복성을 갖지 않는다. 어느 때는 빨간불이 생각보다 오랫동안 켜질 수 있다.

'멈추라'는 사인이 깜빡거림을 지속했다. 익숙한 걸음을 멈춰야 했다. 한편으로 너무 익숙해서 다른 길을 걷고 싶던 날들이 있었다. 그러나 다른 길이 어느 방향인지 알지 못했다.

문득 찾아온 Stop 사인을 장편 영화의 예고편이라 생각하면 작은 위로가 됐다. 인생 전반전을 잠시 멈추고 다른 인생을 생각하는 시간. 때로 Stop 사인은 기회와 연결된다. 특히 긍정성을 가진 인간일수록 가능한 한 스트레스를 덜 받는 쪽을 선택할 확률이 높다.

현실만 따져보면 다음 인생이 근사한 쪽이 될 확률은 낮았다. 과거를 보면 현재를 알고, 지금을 보면 미래를 짐작할 수 있다는 말을 생각할 때 그렇다. 돌아본 과거는 그렇게 힘이 들지 않았다. '가능한 편한 쪽'을 선택했기 때문이다.

가능한 편한 쪽이란 두 가지 설명이 가능하다. 하나는 쉽게 얻을 수 있는 것에 기대었다는 것, 둘째는 남이 괜찮다고 하는 길을 걸었다는 것. 주어진 성적에 맞춰 학교를 다니고, 남의 규칙에 적당히 나를 길들이고, 밥벌이에 연연하고, 그렇게 '어쩌다 어른'이 되고. 그러다 잔치는 끝이 났다. 가진 무기가 별로 없었다. 애매하게 나이 들고, 볼품없고, 쓸모없고. 인생의 삼중고에 시달린다.

마음이 흔들리는 날엔 들국화의 〈행진〉을 흔들거리며 따라 불렀다.

"나의 미래는 때로는 힘이 들겠지만 / 그러나 비가 내리면 그 비를 맞으며 / 눈이 내리면 두 팔을 벌릴 거야 / 행진~하는 거야"

쓸데없는 감상에 빠진 밤이면 비틀거리는 인생에 이런 말이 들려왔다.

"사실 과거는 힘들지 않았어. 나름 쉽고 달달했잖아. 대신 미래는 그만큼 힘이 들겠지. 눈이 내리면 넌 두 팔을 벌릴 수 있을까?"

여전히 인생의 Stop 사인이 빨간 불빛을 드러낸다.

오랫동안 다니던 직장을 때려치웠다. 반은 홧김에, 반은 답답해서. 어쩌면 모든 Stop 사인이 그렇듯 퇴사를 부추기는 사인 역시 거창하게 다가오지 않았다. 출근길이면 '오늘 뭘 할까'가 탐탁지 않았고, 퇴근길에는 '이렇게 살아도 되나'로 어수선했다. 그게 오래 예고된 Stop 사인이었다.

여기서 어른의 퇴사에 관한 우울한 이야기를 늘어놓을 생각은 없다. 퇴사는 어느 순간 직장인이 마주쳐야 할 하나의 멈춤 사인 같은 것. 우리들 각자의 삶에는 그 사연만큼 다양한 멈춤 신호가 있지 않던가. 멈춤 사인을 통해 어른의 쓸모 있음과 쓸모없어짐에 관한 이야기를 나누고 싶을 뿐이다.

오래 해오던 일을 그만두면서 고민이 없었다면 거짓말이겠지만, 그렇다고 며칠 밤을 끙끙대거나 그러지는 않았다. 회사를 대하는 마음이 싫든, 내 방식이 조직에 맞지 않든 떠나는 마당이니. '뭐, 어찌 됐든 밥은 먹고살겠지'란 마음이었고, '지금 아니면 또 어느 때'란 마음이 커졌다. 아이건 어른이건 어차피 맞을 매는 일찍 맞는 게 나은 법이다.

퇴사하고 얼마 안 돼 재취업 컨설턴트에게 상담을 받은 적이 있다. 마흔 넘은 퇴직자가 재취업하는 데 걸리는 평균 시간은 2년 정도라고 했다. 사람 사정에 따라 누군가에겐 너무 길고, 누군가에겐 버틸 만한 시간이었다.

너무 늦지 않게 새 일터를 구했다. 연봉이 높거나 경력을 대단히 인정해준다거나 근사한 분위기의 직장은 아니다. 적당히 몸을 쓰고, 근근하게 밥벌이가 되는 곳. 전공이나 경력과는 상관없는, 말 그대로 전혀 새로운 일터. 가능하면 이전과는 동떨어진 일을 해보고 싶었다. '사람은 낯선 선택을 통해 익숙한 나와 결별할 수 있을까'라는 기대를 품을 때가 있다. 그렇게 밥은 먹고살게 되었으나 '나 가진 쓸모'에 관한 의문은 여전히 남았다.

　여기서 '쓸모'를 정의하고 넘어가야겠다. 그렇잖아도 답답하고 처리할 것 많은 인생인데 도대체 쓸모가 뭐길래 쓸모를 따지느냐고 의아해하는 사람들이 있을 테니.
　쓸모의 사전적 정의는 1. 쓸 만한 가치 2. 쓰이게 될 분야나 부분을 뜻한다. 이 책에서 말하는 쓸모는 종교 용어인 '달란트신이 각자 인간에게 부여한 재능'와 비슷한데, 실용적인 부분이 더 크다.
　즉, "당신은 지금 닥친 현실에서 어떤 도구만큼의 유용성을 가진 인간인가요?" 그에 관한 질문이다.
　국어사전에는 송곳과 드라이버는 쓸모가 다르다는 예문이 나온다. 가진 쓸모가 송곳인지 드라이버인지 더 나아가 도구만큼의 쓸모가 있는 건지도 모르는 우리들이 있다. 글쎄, 내 주변에서는 잘 만든 드라이버보다 쓸모 있는 인간을 자주 만나지 못했다. 드라이버 하나면 벽에 필요한 액자를 달고, 막힌 하수구를 청소할 수 있다. 무기력한 당신의 인생, 드라이버만큼 유용하게 살아가고 있는지.

삶에 민감한 사람은 눈치챘을 텐데, 여기서 말하는 '쓸모'는 밥벌이 인생의 승승장구를 위한 자기 계발류의 편협한 기술이나 노하우는 아니다. 그보다는 삶의 어느 편에서 우리들 인생을 유용하게 만드는 어떤 삶의 지혜에 관한 이야기다. 쓸모를 찾는 여정에는 이런 제안이 포함된다.

"지금이라도 잘 만든 드라이버처럼 유용한 인간이 되어보는 건 어떨까요?"

여기서 말하는 쓸모는 세상을 살아가는 자세, 힘든 날을 버티는 기술, 생활 공간을 효율적으로 관리하는 방식, 인간관계를 정리하는 과정, 그 모든 쓸모에 관한 기록이다. 결국 이 책은 쓸모에 관한 어른들의 이야기다. 별 볼 일 없는 어른들에게 특화된, '쓸모 인류로 살아가는 법'이라고 하면 조금 더 친절할 것이다. 이미 쓸모 있다는 말을 충분히 듣는 당신이라면 굳이 이 책을 읽을 필요는 없다(물론 그만큼의 쓸모를 갖춘 인간은 드물겠지만).

이 책에 당신의 우울한 삶을 바꾸는 거대한 규칙이나 담론 따위는 없다. 더 나은 어른이 되는 마법 같은 내용도 없다. 삶을 응원한다고 호들갑 떨지 않는다. 제 삶을 바꾸고, 제 쓸모를 찾는 건 결국 당신의 몫이니까. 모든 쓸모의 중심에 '나'가 있어야 함을 뜨끔하게 발견할 뿐이다.

쓸모에 대한 고민은 비단 '나'의 이야기가 아닐 것이다. 인생의 어느 지점에서나 진지한 주제가 될 수 있다. 그래서 '우리'의 고민이 된다. 책을 처음부터 끝까지 읽어도 되고, 시간 날 때 어느 곳이나 펼쳐 읽어도 좋다. 당신이 라면 냄비 받침대로 이 책을 쓴다 해도 괜찮다. 세상의 쓸모란 남에게 필요한 것이 아니라 '자신의 쓸모'에서 비롯된다는 것이 한편의 핵심이기 때문이다.

'쓸모 인류'는 요즘 말로 '라이프스타일 혁신가'와 가깝다. 누군가의 쓸모가 이 지루하고 주눅 든 세상을 바꾸는 시작이 될 수 있다. 나는 내 주변에서 발견한 삶의 혁신가, 즉 '쓸모 인류'의 요소를 이렇게 정의한다.

1. 삶의 불편함 혹은 불만이 무엇인지 안다.
2. "왜 그럴까?"라며 질문하는 힘을 갖고 있다.
3. 질문과 궁리 안에서 해결책을 찾는다.
4. 시행착오의 과정을 담담하게 거친다.
5. 해결의 길목에서 만나는 어쩔 수 없는 실패들에 관대하다.
6. 변수를 생각하고, 제어한다.
7. 건강한 삶을 지속 가능하게 유지한다.

알다시피 쓸모는 특별한 용어는 아니다. 그러나 별 볼 일 없고, 나의 빛나는 어떤 것이 없어 주눅 들고, 다람쥐 쳇바퀴 도는 듯한 밥벌이 인생을 벗어나지 못하는, 그 빛바랜 어른 인생의 반대편에 서서 특별해진다.

우리 삶의 기도 안에는 늘 '어딘가에 쓰임 있는 사람이 되게 해달라'는 간절한 요청이 있지 않던가.

이렇게 쓸모에 관한 고민을 하게 된 것은, 내 주변 가까운 곳에 쓸모 많은 어른 빈센트가 있다는 말을 들어서였다. 주눅 든 어른 인생의 한복판에서 빈센트를 만났다.

그 얘기를 나누고 싶었다.

어른의 쓸모에 관한
첫 번째 이야기

그러고 보면 꼬인 인생을 정리하는 일이
거창할 필요는 없다. 일상의 소소한 것들을
정리하는 훈련. 어쩌면 괜찮은 인생으로의
변화는 작은 데서 시동이 걸리는 게 아닐까.

빈센트라는 쓸모 인류

어느 날, 적절한 '쓸모의 규칙'을 갖고 사는 인류가 가까운 동네에 있다는 얘기가 들렸다. 이름은 빈센트. 이상하게도 빈센트라는 이름을 두고 여자들의 칭찬이 많았다. 나이 들수록 남자가 말하는 사람보다 여자가 칭찬하는 사람에 관심이 간다. 남자들이란 어디에도 쓸데 없는 '동지애'를 갖고 으스대지만 여자들은 어디에다 써먹을 데 많은 '쓸모'로 사람을 판단하기 때문이다. 예를 들면 빈센트의 쓸모는 이랬다.

"매일 아침 브런치를 만든다." 그는 '요리 인류'다

"사는 공간을 잘 정리 정돈한다." 심플하게 산다

"필요에 따라 집을 뚝딱 고친다." 입만 나불대는 꼰대가 아니라 손을 쓸 줄 아는 인류

"아내의 친구들이 좋아한다." _{고독사의 대상이 아니다}

빈센트라는 어른을 조금 더 소개하면 이렇다. 유명인이 아니기에 구구절절한 설명이 필요할 법한데, 전혀 그렇지 않다. 눈에 띄는 인간의 유형은 한두 마디 조합으로 소개할 수 있는데 빈센트가 그렇다. 그를 소개하는 단어의 조합은 이렇다.

'쓸모 있는 + 인간'.

진화론에 기대어 설명하면 '호모 유스풀니스Homo Usefullness'의 인류라고 할까.

빈센트의 쓸모는 일상에서 빛이 난다. 주방에서 빈센트는 가족을 위한 오너 셰프를 자청한다. 건강한 재료를 이용해 매일 아침 손수 브런치를 만든다. 주방 곳곳에 자기만의 동선을 만들어뒀다. 주방 서랍장은 요리하는 남자의 용도에 맞춰 집기들이 구획별로 정돈되어 있다. 만드는 사람의 필요에 따라 정리 정돈된 주방에서는 언제든 필요한 물건을 찾을 수 있다. 또 제때에 맞춰 필요한 재료를 정리할 수 있도록 늘 적절히 비워져 있다.

빈센트는 삶의 필요에 맞춰 뚝딱뚝딱 만드는 것이 많다. 화장실 변기는 응가가 용이하다는 인류학적인 이유로 높이를 낮췄고, 중고로 구입한 주방의 철제 의자 밑창은 앉는 손님이 미끄러지지 않도록 고무판을 부착했다. 빈센트의 DIY를 통해 손을 능숙하게 쓸 줄 아는 '맥가이버'의 면모를 본다.

무엇보다 아내와 그의 친구들을 대하는 즐거운 매너까지…. 매일 축 늘어져서 "에구, 이 쓸모없는 인간아"라는 핀잔과 구박을 받는 당신의 반대편에 '쓸모 인류' 빈센트가 있다.

빈센트의 일상을 마주하며 감동하는 부분은 따로 있다. 타인의 요구에 의해 마지못해 움직이는 몸이 아니라 제 몫의 쓸모를 찾아 나서는 에너제틱한 움직임이 그렇다. 요즘 시대의 게으르고 축 처진 남자들의 반대편에 서 있는 빈센트라는 이름이 가진 그 '자발적 쓸모'가 의아했다. 이렇게 물은 적이 있다.

"요즘은 사는 것에 치여 주눅 들고 피로해진 사람이 많잖아요. 요리든 미래든 분명치 않아 머뭇거리고요. 그런데 어떻게 그리 활발할 수 있나요?"

"뭐, 특별한 건 없어. 그냥 하는 거야. 해야 할 일이 보이면 '저스트 두 잇Just Do It' 하는 거지. 하지 않으려고 해서 그런 거지 막상 해보면 별거 아닌 게 많아. 한 예로 가사 분담이 그래. 남자와 여자의 역할이 따로 있을까? 단지 시도하는 인간의 역할이 있을 뿐이지. 스스로의 쓸모를 찾는 것, 그게 나의 삶을 응원하는 훌륭한 방법이란 걸 알고 있을 뿐이야. 난 내 삶에 핑계를 대며 살고 싶지 않았어."

빈센트의 오래된 쓸모는 모든 것을 가진 데서 출발한 게 아니었다. 그 역시 흔들릴 때가 있었고, 남들만큼 부족했고, 밥벌이에 연연하던 시절이 있었다. 또 자신이 아는 삶의 바닥을 여러 번 거쳤다. 다른 게 있다면 그는 실수에 주눅 들거나 남이 정한 규칙에 길들여지지 않았다. 그보다는 내 삶의 쓸모를 질문하면서 차곡차곡 쓸모를 모아왔다. 내 삶의 유용한 규칙을 만드는 데 오랜 시간을 투자했다.

우리 나이로 예순 일곱, 은퇴 이후의 삶에 속하는 빈센트의 쓸모가 빛을 발하는 건 그 오래된 '차곡차곡'의 과정 때문이다. 시간과 여유가 많아 쓸모를 생각한 게 아니라 내 삶이 불편해지고 주눅 드는 걸 참지 못해 그 많은 쓸모를 만들었다고 했다.

주변에 의기소침한 어른이 참 많다. 내가 아는 한 어른은 오랜 직장 생활을 마치고 정년퇴직했다. 받는 연금이 꽤 넉넉해서 생활비를 걱정하지 않아도 되니 여유 있게 여생을 보낼 법한데 그렇지 않다. 퇴임하고 집에서 일 없이 머문 지 반년이 지났을까. 가족을 포함해 주변 사람들의 걱정이 생겼다. 하는 일 없이 지내는 몇 개월 동안 사람이 십 년은 더 폭삭 늙었다며 걱정한다. 밥줄을 놓으니 사람 기운 빠지는 게 왜 그리 빠르던지. 나이 마흔이건 예순이건 스스로의 쓸모를 만들지 못한 운명이 그렇다.

지금부터 빈센트라는 쓸모 있는 어른의 일상 이야기를 하나씩 꺼내려 한다. 누군가의 쓸모가 작든 크든, 당신의 게으르고 지쳐 자꾸만 쓸모가 없어지는 일상에 어떤 자극이 되기를 바라면서.

아 참, 빈센트는 동양계 미국인^{어머니는 한국, 아버지는 중국}이다. 사업 하던 부모를 따라 홍콩과 미국, 한국을 오가는 학창 시절을 보냈다. 직장 생활은 마흔 즈음까지 했고, 이후 몇 차례 자기 사업을 했다. 승진이나 성공과는 거리가 멀었으나 의기소침하지 않았다. 대신 자기 삶에 일어나는 일에 책임 지는 시간을 보냈다. 그러면서 살아가는 방식에 당당하기, 지루하지 않게 살기를 깨쳤지 싶다. 빈센트는 남이 정한 삶의 방식에는 고분고분하게 따를 생각이 없다. 제법 까칠하게, 작은 체구의 빈센트 노인은 오늘도 자기 삶의 방식을 적용하느라 분주하다.

그의 아내는 한국인. 부부는 미국에서 오래 생활했고, 은퇴 후 삶을 한국에서 보내고 싶어 지난해 서울에 자리를 잡았다. 서울 가회동의 작은 한옥을 구해 1년 넘게 리모델링했다. 자기들끼리 오래 살아갈 공간이라 집의 세세한 부분까지 직접 손을 댔다. 남의 손에 맡겨 만들어진 집이 아니라 주인이 직접 길들여가는 이 집은 주변의 관심을 끌고 있다.

이름을 짓는다

본격적으로 쓸모 인류 빈센트가 살아가는 방식을 소개할 예정이다. 다른 누군가의 삶에 관심을 갖는 일은, 동의하든 동의하지 않든 내 지금 삶의 '빈약함'을 채우기 위한 하나의 방식이다.

이 책 대부분 이야기는 지금 내가 겪고 있는 인생 한편의 '허전한 멀쩡함'과 빈센트의 '오래된 쓸모'가 교차한다. 그 정반正反의 이야기를 통해 하나의 합合을 발견한다면 그걸로 쓸모를 찾는 여정은 유익하다.

하나 덧붙이면 빈센트가 살아가는 방식에는 우리가 어떤 핑계들로 잃어버린 삶의 소중한 단어들이 포함되어 깜짝 놀랄 때가 많았다. 예를 들면 희망이나 용기, 영웅이나 사랑에 관한 말들. 빈센트라는 쓸모 인류는 그 중요한 단어들을 자기만의 방식으로 삶에 적용하며 산다. 삶의 중요한 단어들을 애써 잊지 않으려 노력한다는 말이 더 맞을 수도 있겠다. 어른이 된다는 건 그런 것이다. 제아무리 사는 게 힘들어도 누군가를 응원하는 말들을 놓지 않는 것.

자, 우리의 첫 번째 이야기는 〈이름을 짓는다〉에 관한 것이다. 먼저 이름 하나 짓지 못하고 사는 나의 이야기부터 시작이다.

요즘 사는 동네의 풍경이 약간 수상하다. 위치상으론 서울의 도심 한복판이라 번듯한 빌딩 숲을 이룰 것 같지만, 그렇지 않다. 남산으로 이어지는 언덕을 따라 노후된 집들이 오래된 풍경을 만들고, 곳곳에 새로 지어진 건물들이 모습을 드러낸다. 그 탓에 특이한 골목길 풍경을 만든다. 오래된 골목길에 거주하는 사람들은 대부분 원주민이다. 한 동네에 오래 살아온 그들은 주변 집들의 사정을 잘 안다. 하루의 골목길은 이웃집 소식을 전하거나, 때로 흉을 보는 얘기로 수다스럽다.

이사 온 지 얼마 되지 않은 사람이 그들과 어울리기 위해서는 적당한 시간이 필요하다. 쉽게 이웃사촌이 되는 것은 아니다. 그들끼리의 묘한 카르텔이 있다. 그 안에 속하려면 나의 일정한 프라이버시를 알릴 정도의 사회성이 필요하다.

나이가 들수록 그런 사교성은 줄어들고 있다. '굳이 사람들과 얽혀서 뭐 하나' 그런 생각이 들 때가 많다. 어느 정도 나이가 되니 주변의 말들에 속해봐야 피곤한 일이란 걸 안다. 주변인으로 사는 게 불편하지 않다.

동네 산책을 나가면 원주민들의 수다를 뒤로하고 동네를 걷는다. 동네는 움직이는 중이다. 곳곳에 새로 짓는 빌라들이 있다. 엊그제 집을 허무나 싶었는데, 며칠 지나면 새로운 구조물들이 윤곽을 드러낸다. 새로 짓는 건물의 비율이 10이라 치면 그중 마음에 드는 건물은 2 정도다. 이 2짜리 건물들은 다른 8의 건물들과 비교할 때 짓는 속도가 느리다. 관심이 가는 2의 건물들은 건축주가 애써 골랐을 법한 재료들을 공들여 완성해 가는 모습이다.

공사 중인 인부들에게 "이 집도 분양을 하나요?"라고 물을 때가 있다. 그러면 대개 업자들이 짓는 8짜리 건물들은 입주 시기에 맞춰 인근 부동산에 물어보라고 답을 한다. 반대로 2짜리 건물들은 튕기는 경우가 많다. "이 집은 주인과 친구들이 머물 집이라 분양 물량이 없을걸요"라는 식이다. 튕기는 데는 다 이유가 있다.

2와 8의 비율이 집 짓기에만 해당하는 건 아니다. 일터나 사회도 마찬가지. 소위 잘나가는 2가 있으면 억울하고 대우 못 받는 8이 있다. 2의 갑질이 8의 을을 힘들게 하는 건 부쩍 늘어난 사회 문제다. 2의 부가 넘칠 때 8의 가난이 깊어지는 것은 빈익빈 부익부의 갈등이다. 대부분 8에 속했던 삶은, 2에 속하리라는 기대를 져버린 지 오래다. 2에 대한 기대를 비우니 삶의 조급함이 줄어든다. 어떻게 하면 더 흥미로운 8의 삶을 꾸릴까. 그렇게 내 삶에 대한 고민의 지점이 바뀐다.

8의 삶을 열심히 살기로 다짐한다. 그 열심히 살아가는 삶에서 욕심을 하나 품는다. 여전히 8짜리 건물에 세 들어 사는 신세지만, 언젠가는 2짜리의 집주인이 되기를 바란다. 혹시 그런 날이 오면 그 2짜리의 집에 으스대는 공간은 없을 일이다. 작지만 정직하고 아이가 뛰어놀기 적당한 공간이면 그만이다.

빈센트의 집에 관심을 갖는다. 그는 집에 근사한 이름을 붙여줬다. 새로 정착한 한옥 보존 지구는 관광객의 호기심 많은 발걸음을 빼면 고즈넉하다.

빈센트는 이 집에 '아폴로니아^Apollonia'라는 이름을 붙여주었다. 예쁜 영문 서체의 그 이름이 문패를 대신한다. 집에 이름을 지어주면서 이 공간의 주인은 분명해졌다.

"아폴로니아는 알바니아의 피에르 지역에 있는 항구 도시 이름이야. 그 도시를 여행한 적은 없어. 하지만 그 이름만큼 도시 자체가 예쁘고 따뜻할 것 같아서, 고대 그리스 로마 시대의 활기찬 '사색 도시'를 떠올리며 고른 거야. 난 이 집이 아폴로니아만큼 활기찬 공간이 돼서 아내와 친구들의 아지트가 되면 좋겠거든. 사는 사람과 방문한 사람이 모두 주인이 되는, 그런 개방된 집을 생각하며 지은 이름이야."

아폴로니아라는 이름 위에는 파인애플 문양을 새겼다. 자신이 살아갈 집의 문양을 고른 것으로, 삶의 태도 역시 명쾌해진다.

"파인애플은 1400년대 유럽 귀족 가문의 상징적인 문양이었어. 그때는 파인애플이 워낙 귀했거든. 그래서 대문에 파인애플 문양을 담는 것으로 '극진한 대접과 환영' 인사를 전했지. 이 집에 들르는 이들에게 귀한 파인애플을 나누겠다는 넉넉한 인심을 나타내는 셈이야."

나의 집에 돌아와 현관 앞에 잠시 멈췄다. 403호. 현재의 나는 4층, 3번째 집에 사는 사람이었다. 파인애플 문양을 더한 집에 사는 사람에 비하면 얼마나 건조하고 냉랭한 삶인지. 우리는 남들이 대량으로 정한 기호에 맞춰 무미건조하게 사느라 마땅한 이름을 짓고 사는 법을 잊어버린 건지 모른다.

제 3의 공간을 만든다

우리는 대개 집을 구할 때 평수와 투자 가치를 따져 묻는다. 그러나 빈센트는 남과 다른 세 가지의 집을 구하는 규칙을 갖고 있었다.

1. 공간이 소박할 것
2. 집에 격식이 없을 것
3. 수다를 피우는 공간일 것

1, 2번이야 개인의 취향을 반영했다 치면 3번은 의외다. 빈센트가 말하는 수다의 공간은 그 집에 사는 가족 관계를 넘어 그 집을 편하게 들락거리는 친구들과의 수다를 뜻했다. 친구들이 자유롭게 드나드는 집이라? 보통의 집은 빈센트의 3번째 규칙과는 동떨어져 있다.

말 그대로 지극히 폐쇄적이다.

집에 누군가를 초대하는 일은 내 사는 형편을 그대로 보여주는 일이라 한편으로 부담스럽다. 반대로 빈센트의 집은 개방형이다. 드나드는 문턱이 낮다. 지인들의 출입이 자유로워 활기찬 기운을 갖는다.

"내가 생각하는 집은 아지트 같은 공간이야. 내 집, 네 집이라는 소유의 문제가 아니라 누구나 모일 수 있는 '제3의 공간' 같은 곳이지. 대가족 시대를 예로 들면 늘 사람들이 찾아와 수다를 피우던 사랑방 같은 공간이 되겠지. 현대 사회에 사는 우리들은 외롭잖아. 그런데 집마저 외롭고 침묵할 필요가 있을까. 나이가 들수록 반가운 친구들이 들락거려 활기가 있어야 해. 나는 그런 공간을 선택한 거야. 이런 삶의 규칙을 갖고 있으면 내 집이냐, 아니냐의 소유 여부는 크게 상관할 바가 없겠지."

빈센트가 꺼낸 제3의 공간은 행복학 강의에 종종 등장하는 이론이다. 미국의 사회학자 레이 올든버그가 처음 제시했다. 우리는 집이라는 제1의 공간, 밥벌이라는 제2의 공간에 너무 매몰되어 있다. 제3의 공간은 다음의 성격을 갖는다.

1. 격식과 서열에 따르지 않을 것
2. 소박할 것

3. 수다가 가능할 것

4. 출입이 자유로울 것

　더해서 제공되는 음식이 있으면 좋을 일이다.

　현대인에겐 카페나 서점, 술집과 각종 커뮤니티가 제3의 공간 역할을 한다. 집과 일터가 행복한 역할을 못 하니 우리는 제3의 공간을 찾게 된다. 행복학자들은 제3의 공간이 있는 사람들의 삶이 더 행복하다고 말한다.

　한때 살던 동네에 '관계'라는 이름을 가진 수상한(?) 술집이 있었다. 그 이름 덕일까. 동네 다른 술집엔 손님이 많지 않은데 유난히 그 집에는 손님들로 가득 찼다. 다른 곳은 조용한데 그 가게는 관계를 맺거나 맺으려는 사람들로 왁자지껄한 분위기였다. 좋은 '관계'는 많은 소리를 갖고 있다는 것을 그 가게가 말해주었다.

　빈센트의 집 역시 자주 드나드는 손님 덕에 소리가 끊이지 않았다. 친구들의 방문은 스스럼이 없었다. 주변 옷가게에 들렀다가 시간이 남아 빈센트 집에 들렀다는 친구가 방문한 날, 우리는 관계에 대한 이야기를 나눴다.

　"인간 본능의 하나가 뭔 줄 알아? 얼굴을 보며 지껄이는 것을 선호한다는 거야. 소통의 효율 면에서도 그래. 휴대 전화로 통화하는 것보다 직접 얼굴을 보고 이야기를 나눌 때 메시지가 더 분명하게 전달되잖아."

빈센트의 표현을 빌리면 좋은 관계는 편하게 만나서 '시시덕'거릴
수 있는 사이다.

그 반대의 어정쩡한 관계들이 있다. 어느 주말, 프랜차이즈 커피
가게에 들렀더니 온 가족이 외출을 나와 테이블을 차지하고 있었다.
그런데 가족들의 관계가 수상했다. 서로들 시시덕거림은 없고, 각자
휴대 전화를 보며 멀뚱한 시간을 보냈다. 그들에겐 집이나 밖이나
차이가 없었다. 각자 잠을 자거나 침묵하는 공간일 터였다.

"나이 들수록 모여서 시시덕거릴 수 있는 아지트가 필요한 거야.
누군가의 집에 편하게 모일 수 없으니 다들 커피 가게에 모여 만남
을 갖는 거겠지. 반대로 나는 집을 아지트로 만들고 싶었어. 관계를
주도하는 공간인 거지. 좋아하는 사람들과 자주 모여 잔치를 벌이는
그런 공간. 그러기 위해서는 집 공간의 레이아웃이 달라야겠지. 사
람들이 삼삼오오 모일 수 있도록 어딘가 큰 테이블이 있어야 하고,
함께 요가를 할 수 있는 오픈 형태의 거실이면 좋을 테고, 영화 감상
용 TV 프로젝트가 있다면 함께 영화를 보며 시시덕거릴 수 있을 테
고. 그리고 사람들이 자주 들락거리는 공간이니 뒷정리나 바닥 청소
하기가 쉬워야겠지. 난 그런 공간을 만들고 있는 거야."

빈센트가 시시덕거리며 말했다.

"우리 집의 최종 목표가 뭔 줄 알아? 일상에 지치거나 외로운 사람들이 모여 행복감을 느끼는 아지트, 즉 '제3의 공간'이 이 집의 종착지야."

불안하지 않다

어느 날 집사람과 집의 소유에 관한 얘기를 나누었다. 아내가 물었다.

"우리도 언젠가 집을 살 수 있을까?"

"글쎄…."

근거 없는 희망은 얘기하지 않는다. 대신 화제를 돌린다.

"집이 있으면 좋겠지만, 없더라도 잘 살면 되는 거 아닐까. 집은 사는 게 아니라 '사는' 것이란 말도 있는데."

"그래, 당신은 계속 그렇게 살아."

집의 소유에 관한 대화는 결국 가난한 가장의 가슴을 뜨끔하게 만드는 것으로 끝이 난다. 매달 빤한 월급 통장이 미래를 불안하게 했다.

빈센트는 오랫동안 미국 LA 근교 샌타모니카 해변에서 살았다. 태평양 연안의 이 해변은 마치 남국의 어느 해변처럼 야자수가 줄지어서 있다고 들었다. 주말이면 LA 시민들이 간단한 음식을 챙겨 와 여유 있게 시간을 보내는 장소였다. 도시 사람들은 휴일이면 도시의 집을 떠나 휴식의 공간을 찾아 분주했다. 샌타모니카 해변이 그 역할을 했다. 그래서 빈센트는 생각했다.

"그렇다면 샌타모니카에 사는 집을 구하면 어떨까."

출퇴근 거리로 1시간 이상 되었지만 거처가 주는 만족감에 비하면 걱정거리가 아니었다. 글쎄, 그와 같은 상황이라면 나는 어떤 선택을 했을까. 저질 체력인 나는 물리적인 거리에 상당한 부담을 갖는 사람이다. 출퇴근 거리는 차나 대중교통으로 30분을 안 넘는 게 최적의 거처라고 생각한다.

거주의 쾌적성을 따진다면 서울 근교에 집을 얻는 게 낫다. 서울을 벗어나면 우선 집값이 싸다. 같은 값이면 도심보다 넓은 평수의 집에 살 수 있다. 혹시 자투리 정원이라도 딸려 있으면 어린 딸이 뛰어놀기 좋을 테다. 하지만 그 마음은 잠시뿐, 출퇴근으로 1시간 이상 되는 거리를 이동할 엄두가 안 난다.

어디에 집을 얻느냐는 결국 선택의 문제다. 그렇게 도심을 기웃거리다 보니 턱없이 치솟는 전세 값에 치이고, 사는 공간은 갈수록 좁

아지고 있다. '작은 집이라도 내 집을 사야 하나' 고민을 하는 날들이 늘어난다.

샌타모니카 해변에 구한 집은 대도시 못지않게 임대료가 비쌌다. 빈센트는 집값이 비싼 이유는 공급자들의 욕심 때문이라고 말한다. 자기 몫을 더 챙기려고 하니 계속 집값이 오른다는 계산이다. 빈센트라는 다소 삐딱한 어른은 자본주의가 낳은 그 탐욕이 마음에 들지 않아 집을 소유하고 싶지 않다고 했다.

샌타모니카에서는 장기 렌트를 해서 살았다. 사람들은 그 렌트 비용이면 집을 사는 게 낫다며 권유했다. 하지만 그는 집은 사지 않기로 고집을 부렸다. 한국에 오기 전까지, 샌타모니카 해변에서 30년을 넘게 머물렀다.

빈센트는 그 집을 '샌타모니카 오두막'이라 불렀다. 1층은 작은 주방 겸 거실, 2층에는 침실이 있었고 화초를 가꾸는 작은 마당이 있었다. 오두막처럼 아담한 집을 하나하나 제 손으로 손봤다. 해변의 작은 집이라니 풍광은 말하지 않아도 근사했을 것이다. 그렇게 마음에 드는 집이면 차라리 사지, 왜 그러지 않았을까.

"일단은 경제적으로 큰돈을 묶여두고 싶지 않았어. 더 중요한 이유가 있는데, 좋은 집을 소유한 사람들을 봐도 그렇게 행복하게 사는 것 같지 않았거든. 집을 소유하는 목적은 달성했지만 우리처럼 집을 즐기지 못하는 거야. 그래서 나는 소유가 아닌 거주의 편에 서기로 선택한 거야. 무리해서 집을 살 돈으로 오랫동안 즐겁게 사는 삶을 선택한 셈이지."

빈센트가 내게 물었다.

"너는 집을 사고 싶어?"

"아무래도 그렇죠. 내 집이 있으면 전세대란을 걱정할 필요가 없고, 한국에서는 집 한 채 갖는 게 경제적 안정의 중요 요소로 보거든요. 재테크 면에서 집값은 계속 오를 거란 전망이 있고요. 집 없는 불안보다는 집 있는 걱정이 그나마 낫지 않을까요?"

"집을 사면 돈이 묶이고, 대출을 끼어야 하잖아. 그러면 빌린 돈 갚느라 결국 '노예'가 되는 거야."

내 집 마련에 발이 묶인 어른의 주제가 따분했는지 중국 속담 하나를 덧붙였다.

"'죽은 생선들이 다 같이 휩쓸려 간다'는 속담이 있어. 무슨 말인 줄 알아? 다들 집을 사야 한다는 강박을 갖고 있잖아. 집이 없으면 성공하지 못한 인생 같고. 집이 소유의 대상이 되면서 그 소유 비용을 치르느라 사람들이 다 같이 주눅 들어 산다는 얘기야."

이번엔 내가 물었다.

"내 집이 없으면 불안하지 않아요?"

"사람들이 사는 집을 관찰해봐. 대부분 껍데기일 뿐이야. 사람들이 그 비싼 집에서 뭐 해? 온종일 TV를 보거나, 잠을 자잖아. 서로 어울리는 시간은 찾기 힘들지. 값비싼 비용을 치르고 마련한 집에서 제한된 활동을 하고, 결국은 카페나 야외에 나가서 바람을 쐬잖아. 집을 갖긴 했는데 즐기는 공간을 못 만드는 삶이야. 이상하지 않아? 집의 소유보다 집의 생기를 더 고민해야 하지 않을까?"

누군가 소유에 온 신경을 쏟을 때, 활용을 고민하는 사람이 있다. 둘이 살아가는 방식은 다르다. 내 집 마련에 불안해하는 누군가에게 빈센트가 그랬다.

"뭐든 선택의 문제야. 내 소유의 집이 없다고 불안할 이유는 없지. 뭘 하든 좋은 뜻을 갖고 있지 않으면 사람의 인생에는 아무 변화도 일어나지 않아. 집을 소유한다고 해서 우리 삶이 마냥 즐거울까?"

집을 소유하지 않아서 오는 불안감에 대해 빈센트의 대답은 충분치 않다. 집을 사지 않아서 불안한 이유들이 있다. 익숙한 동네에서 원치 않게 쫓기듯 이사 가야 하고, 올라가는 전셋값을 고민해야 하고, 늙어서 수입이 없을 때 답이 없고, 자가냐 전세냐의 자본주의적인 구분을 견뎌야 하고, 사는 곳과 평수를 따져 묻는, 그런 현실적인 문제들이다.

집의 소유 여부에 관한 빈센트의 말은 삶의 '대안'을 생각하게 한다. 현실적으로 내 집을 사지 못해 불안한 마음의 크기로 계속 살 것이냐, 아니면 주거 공간은 10평대지만 마음만은 50평대의 넉넉한 활용 공간을 가질 것이냐에 관한 것. 결국 우리가 삶의 어떤 문제에서 불안한 건 대안에 대한 느긋함이 없기 때문 아닐까.

다시 집사람과 집에 관한 대화를 나눴다. 이번엔 소유와 불안에 관한 주제였다.

"내 집 마련에 너무 고민하며 살지 말자. 대신 지금 사는 공간에서 어떻게 즐겁게 지낼까를 생각하자. 그게 정신 건강에도 좋지 않을까?"
"그래, 당신은 계속 그렇게 생각해."

집사람의 냉랭한 한 마디에 불안한 밤이었다. 언제나 그렇듯 누적된 삶의 태도는 쉽게 바뀌지 않는다.

대충 살지 않습니다

빈센트는 가회동 한옥을 2016년 여름에 구했다. 이전 집은 전통 한옥의 구조였다. 집주인이 바뀌면서 집은 리모델링 공사에 들어갔다. 그는 집을 사는 사람의 기준대로 바꾸고자 했다. 그렇게 시작된 리모델링은 한 해를 지나 다시 여름을 맞이했다. 공사 기간 1년을 넘는 대장정이다.

리모델링을 맡은 건축가 입장에서는 여간 골머리를 앓는 일이 아닐 수 없다. 흔한 리모델링 공사 기간은 짧으면 3개월, 길게는 6개월 정도로 잡는다. 일을 맡은 사람 입장에서 공기工期는 짧을수록 좋다. 공사 기간은 비용과 연결된다. 공사가 길어질수록 그만큼 비용이 늘어난다. 집주인 역시 공사를 빨리 끝내고 결과물을 보기 원한다.

자본주의 시대에서 '빠름'은 누구에게나 환영받는 키워드다. 그런데 빈센트는 마치 시위대처럼 '빠름'의 사회에서 혼자 '느림'의 구호를 외치고 있다. 리모델링 공사 계약을 하면서 희한한(?) 조건을 붙였다고 한다.

'집주인의 입에서 공사가 끝났다고 할 때까지 집의 공사는 끝난 게 아니다.'

건축가 입장에서는 성질 까다로운 집주인의 형식적인 계약 사항쯤으로 대하지 않았을까. 정작 1년이 다 되도록 리모델링은 끝나지 않았다. 말 그대로 네버 엔딩 리모델링. 담당 건축가는 1년이 지날 무렵에도 집주인의 호출에 응하고 있었다. 건축가에게 농담처럼 물었다.

"이쯤 되면 시쳇말로 '진상' 고객인 거죠?"

건축가가 슬쩍 웃었다.

"그래도 이런 까다로운 태도가 필요할 때가 있어요. 대충 했다가 나중에 뒷말 하는 것보다는 훨씬 효율적이잖아요. 까다롭지 않으면 내 집의 주인이라고 할 수 없어요."

어느 날 들른 빈센트의 집에는 구석구석 마킹^{표시}이 되어 있었다. '재보수 요망'을 알리는 표시였다. 이를테면 천장 한구석의 마킹은 빗줄기가 샌 흔적을 지적했다. 한두 계절은 별탈이 없었으나 여름 장맛비를 맞아보니 공사 완료된 천장에서 살짝 빗물이 비쳤다. 그러니 재보수!

빈센트는 젊은 시절 공학土木 建築 계통을 공부했다. 그 방면으로 아는 게 많았다. 보이는 만큼 까다롭게 구는 것이다. '수처작주隨處作主'라고 했다. 어디에 머물든 거기의 참주인이 되고 싶다는 뜻이다.

"난 이 집에서 100년을 살 거야. 사실 집을 고치는 일은 새로 짓는 것보다 더 힘든 일이야. 바닥부터 수납공간 하나까지, 모든 걸 신경 썼어. 하나라도 허투루 할 수 없었지. 앞으로 20년 이상 집에 손 안 대고 살려면, 처음 할 때 가능한 한 완벽하게 손을 봐야 해. 결과적으로는 비용 면에서도 그게 더 아끼는 거야. 좋은 제품에는 다 그런 고집이 들어 있어. 난 무슨 일이든 핑계를 대고 싶지 않거든. 뭔가 잘못되면 결국 하는 사람의 책임인 거야. 게다가 주인이 핑계를 대고 대충 하면 일을 맡은 사람들도 대충 하게 돼. 내가 살 진짜 집을 제대로 고치려면, 당신 인생 제대로 살려면, 변명과 핑계를 대서는 안 되는 거야. 사실 큰 공사는 다 끝났어. 지금 하는 일은 살면서 발견된 것들을 보수하는 일이야. 집에 오래 살 사람들에겐 디테일이 중요하니까."

"집은 사는 사람의 심보를 닮는다"는 말이 있다. 오래 살 집이니 되도록 천천히, 차곡차곡 완성해가려는 마음이다. '빨리빨리'를 가능한 한 배제한 '느린' 속도의 집이다. 느리게 만든다는 말은 오래

버틴다는 말이다. "나와 가족이 오래 머물 집이니 하나라도 대충 할 수 없다"는 빈센트의 말에서 장인 정신을 엿본다.

요즘 TV에는 유난히 맛집을 다룬 프로그램이 많다. 그 맛집 장인들의 음식 비법에서 빠지지 않는 말이 있다. "내 가족이 먹을 음식이라 생각하고 만든다." 그래서 작은 것 하나라도 대충 할 수가 없다. '빨리빨리', '대충대충'의 사회인 줄만 알았는데, '느린' 세상에 사는 사람들이 곳곳에 있다.

사람들이 줄을 선다는 지방의 한 꽈배기 집이 있다. 이 집의 부부는 새벽 다섯 시에 일어나 재료 준비를 한다. 반죽부터 튀김까지, 주인의 손이 안 가는 일이 없다. 매일 3시간을 꼬박 준비한 뒤에야 문을 연다. 모든 공정이 수작업이니 대량으로 만들지 못한다. 만들어낸 개수만큼 손님을 받고 나면 가게는 다시 문을 닫는다. 다시 세 시간을 꼬박 꽈배기 만드는 일에 매달린다. 다시 만든 양만큼의 손님을 받는다. 수고로운 노동력 대비 가격이 너무 착하다. 꽈배기 10개 1봉지에 달랑 오천 원. 매일 반죽과 기름 범벅인 손만 고생이다. 이렇게 느리고 정직한 규칙을 본 적이 드물다.

일부러 '느리게' 걷는 사람들이 갖고 있는 인생의 '결기'가 있다. 빈센트의 "대충 하지 않는다"는 말이 "절대 대충 살지 않는다"는 말로 들렸다. 혼잣말을 읊조렸다.

"대충 살지 않는다, 절대 대충 살지 않는다."

고작 서너 단어로 이루어진 이 말에 어찌나 속이 찔리던지. 결국 대충 살아 이 모양 이 꼴이 된 건 아닐까. 앞부분에 몇 마디를 덧붙이면 어떤 격언보다 결기 있는 '어른의 한 문장'이 탄생할 것 같았다. 그 한 문장은 다음과 같다.

"한 번 사는 인생, 절대 대충 살지 않는다."

정리 정돈한다

　빈센트의 집에 이삿짐이 도착하는 날이었다. 미국 샌타모니카 해변 오두막에서 1차로 정리해 보낸 이삿짐들이 아침 일찍 가회동 한옥에 도착했다. 이삿짐은 대형 트럭 한 대 분량이었다. 잠시 이삿짐 나르는 일을 도와주었다. 빈센트는 매사 꼼꼼한 타입이다. 이삿짐을 들여놓을 집의 바닥에는 짐이 옮겨질 이동로를 따라 미리 동선을 그려놓았다. 라인을 조금이라도 벗어나면 삑삑~ 경고음이 울릴 것 같은 그런 치밀함이 느껴졌다.

　현관 문턱에는 짐수레가 이동할 언덕을 만들었다. 총 세 판의 판자를 재단해서 문턱을 넘나드는 임시 경사로를 만들었다. 이삿짐이 지나갈 벽의 기둥 면에는 두꺼운 종이를 붙였다. 짐을 나르다가 집 곳곳에 부딪칠 일도, 벽을 해칠 일도 없다. 이런 장치가 있으니 일하는 사람이나 집주인이나 서로 인상 붉힐 사건이 생기지 않는다. 주인의 꼼꼼한 일 처리 방식은 결국 일하는 사람들에겐 배려였다.

이삿짐은 크기가 각기 다른 여러 개의 박스에 담겨 있었다. 각각의 박스에는 굵은 색깔 펜으로 그 속에 담긴 품목을 알리는 넘버링이 되어 있다. 샌타모니카 오두막에서 정리되었을 박스는 이미 가회동 집 어딘가에 위치할 정확한 자리를 잡고 있었다.

그 넘버링 덕에 이삿짐들은 쉽게 자리를 찾았다. 일부는 주방에, 일부는 거실에, 일부는 마당에 놓였다. 다시 박스를 풀고 하나하나 정리하는 일은 주인의 몫으로 남았다. 그동안 이사를 수차례 해봤지만, 빈센트가 하는 치밀한 방식으로 이삿짐을 싸본 적이 한 번도 없었다. 전문 이삿짐 직원들의 정리 방식 역시 빈센트의 꼼꼼함엔 못 미쳤다. 한편에 대충대충이 있으면, 한편에 빈센트 식의 치밀한 정리 정돈이 있다. 일의 효율을 따지면 빈센트의 방식이 옳을 것이다. 새삼 정리 정돈의 힘을 발견한다.

"대충대충 넘어가면 나중에 일이 더 힘들어져. 그래서 정리 정돈은 내 삶의 괜찮은 키워드 중 하나야."

언젠가 페이스북에서 외국의 한 해군 장교가 인생의 성공 비결을 강연하는 영상을 본 적이 있다. 군인 특유의 절제되고 씩씩한 말투가 인상적인데, 의외로 사소한 이야기를 끄집어냈다. 이런 내용이다.

"세상을 바꾸고 싶나요? 아침에 일어나면 가장 먼저 자기가 덮고 잔 이불을 깔끔하게 정리하세요. 이게 무슨 성공의 비결이냐고요? 아닙니다. 여러분이 사소한 일을 제대로 해낼 수 없다면 큰일 역시 제대로 하지 못할 겁니다. 당신이 외출이나 퇴근 후 집에 돌아오면 정리된 잠자리를 만나게 됩니다. 그러면 당신은 지저분한 방을 청소할 시간을 중요한 일에 집중할 수 있습니다."

　아침에 일어나면 이불부터 정리하기, 이삿짐 박스에는 품목별로 넘버링을 하기. 이런 사소한 정리 정돈이 인생에서는 사소한 일이 아니다. 정리 정돈은 곧 지저분하지 않은 삶을 살겠다는 훈련이다. 이삿짐 넘버링까지는 모르겠지만, 나 역시 아침에 일어나면 덮고 잔 이불을 원 상태로 정리하려고 훈련한다. 물론 귀찮은 일이긴 하지만, 훈련이라고 얘기하는 데는 이유가 있다. 이불 정리를 안 하면 아침부터 아내의 잔소리를 들어야 한다. 그거라도 피하자 싶어 시작한 정리 정돈이다. 그런데 일어나면 이불부터 정리하는 일, 그게 참 괜찮다. 아침부터 숙제 하나를 마친 기분이 든다. 집에 돌아와 너저분한 공간을 마주하는 것과 정돈된 공간이 반기는 기분은 다르다. 정돈된 공간은 개운한 맛을 준다. 사소한 정리 하나가 사람의 하루 기분을 정리하는 셈이다.
　그리고 보면 꼬인 인생을 정리하는 일이 거창할 필요는 없다. 일상의 소소한 것들을 정리하는 훈련. 어쩌면 괜찮은 인생으로의 변화는 작은 데서 시동이 걸리는 게 아닐까.

필요한 것을 수집한다

이삿짐 박스가 풀리자 다양한 물건이 쏟아졌다. 빈센트는 먼저 주방에 놓일 물건들을 정리했다. 주방 이삿짐에는 다양한 식기류가 있었다. 꽤 많은 양의 접시들이 눈에 띈다. 대부분은 요즘 것들이 아니라 빈티지 그릇이다. 그릇들을 수집하는 건 오래된 취미라고 했다. 주변에 수집광들이 있지만 접시를 수집하는 남자는 드물다.

"다들 오래된 물건이야. 내 눈에 들어서 모아둔 것들이지. 접시들을 보면서 '오늘은 무슨 요리를 어떻게 플레이팅 할까' 생각을 하는 게 아주 즐거워."

접시를 모으고 플레이팅을 고민하는 것. 보통은 여자들의 취미지만 이런 일에 굳이 남녀를 구분 지을 이유는 없다. 가끔은 남자가 접시를 수집하는 일이 더 멋스럽다. 손수 요리를 만들고 누군가에게 근사하게 대접하고 싶은 마음이 담겼기 때문이다.

　아주 가끔 가족을 위한 식사를 준비할 때가 있다. 특별한 요리는 만들지 못한다. 가능한 한 쉬운 요리를 선택한다. 예를 들면 봉골레 파스타 같은 종류. 혹시 오해가 있을까 봐 첨언한다. 내가 아는 한, 봉골레는 특별한 손맛 없이도 순서대로만 하면 웬만한 맛을 낸다. 만드는 순서도 그리 복잡하지 않다. 그래서 '내겐 쉬운 요리'라는 표현을 썼다.

　나 역시 만든 음식을 낼 때 플레이팅을 잠깐 고민한다. 물론 그릇 수집가 빈센트와는 큰 차이가 있다. 그가 플레이팅에서 '미학'을 고민할 때, 나는 먹는 양에 따른 접시를 생각한다. 아이는 작은 접시, 엄마는 그보다 넓은 접시, 아빠는 뭐든 귀찮으니 그냥 프라이팬! 이런 정도니 플레이팅이란 이름을 붙이기에도 민망하다.

　어울리는 접시에 음식을 담아낸다면 먹는 사람 입장에서는 더 귀한 서비스를 받는다고 생각할 일이다. 이 지점에서 빈센트의 접시 수집을 꽤 멋지게 바라보게 된다. 그릇들이 규칙대로 진열된 빈센트의 주방은 고스란히 그만의 공간이다. 그는 마치 잘 구성된 레스토랑의 총주방장처럼 주방을 지배하고 있다. '지배'라는 말이 권위적이어서 다른 수식어를 붙여주고 싶은데 선뜻 떠오르지 않는다.

　해석을 더하자면 멀티 서비스의 영역이라고 할까. 아침에는 아내에게 브런치를 서비스하고, 손님이 찾아오면 말 상대가 되어 대화를 서비스한다. 이 서비스 영역은 구조적으로 일직선이다. 스테인리스로 만들어진 미국식의 가로형 아일랜드 테이블이 주방 상단에 자리를 잡았다. 아일랜드 테이블 아래로는 6~8인용 나무 식탁이 자리했다. 빈센트는 대부분 아일랜드 식탁의 중앙에 자리를 잡는다. 거기서 필요한 음식을 내고, 커피를 내린다. 손님들과 이야기를 나누는 건 늘 그의 몫이다.

요리에 관심 많은 빈센트는 이 집의 오너 셰프 같다. 이 집 식탁에서 맞장구를 잘 치면 일식집의 오마카세를 내놓을 것 같은 분위기다. 오마카세는 일본어로 '모두 맡기다'라는 뜻이다. 정해진 메뉴가 아니라 주방장이 그 날의 가장 좋은 재료로 음식을 만들어내는 것을 일컫는다.

그 생각을 할 즈음, 빈센트가 오븐에서 못난이 빵을 내왔다. 그는 카페인 향이 약한 드립 커피를 마시고, 내게는 커피 머신에서 추출한 진한 아메리카노를 내주었다. 모든 걸 오너 셰프에게 맡긴 아침이 편했다. 못난이 빵과 진한 커피는 빈센트의 '오마카세'였다.

'누군가 내게 오마카세를 주문하는 날이 있을까. 나의 오마카세는 무엇일까.'

요리에 관한 질문이 아니었다. 요즘 유행어로 '어쩌다 어른'이 된 당신 인생에는 '오마카세'라는 게 있느냐는 질문이었다.

보이는 것과 감추는 것

"보여줄 것은 드러낸다. 감출 것은 드러내지 않는다."

빈센트의 집 안 곳곳 풍경이 그랬다. 드러내는 것과 감추는 것의 비율은 3:7 정도였다. 이를테면 주방에서 드러낸 것은 접시를 놓은 선반이다. 그동안 모은 빈티지 접시들이 주방 한편에 정갈하게 모습을 드러냈다.

이 밖의 대부분은 드러나지 않고 숨는 것이다. 가장 관심을 끈 것은 양념 보관통이다. 스테인리스로 만든 보관통은 대략 가로세로 100×60cm의 크기다. 자체 제작한 2단 보관통에는 수십 개의 종류별 양념이 빼곡하게 자리를 잡았다. 남들의 수납 방식과 다른 점이 있다. 누군가 정해진 공간에 보관한다면, 빈센트의 보관통은 자기가 보유한 양에 따라 딱 맞는 크기로 보관함을 자체 제작했다. 그러니 저장 공간이 부족해 다른 공간을 애써 찾아야 한다거나, 남는 공간 탓에 허전할 일이 없다. 뭐랄까, 빈센트의 양념 보관통은 통통하게 살 오른 제철 생선만큼 꽉 찬 느낌이다.

주방 가운데 놓인 1m 높이의 수납장 역시 제대로 각이 잡혔다. 이 수납장에는 포크, 나이프, 젓가락 등 각종 식기류가 각 층마다 자리를 잡았다. 상단 가운데 서랍은 요리용 칼을 수납하는 곳이다. 10여 개의 칼이 사이즈별로 들어 있다. 이렇게 자리를 잡을 수 있는 데는 칼들의 사이즈에 따라 사선으로 맞춘 나무 칼꽂이가 있어 가능했다. 칼들은 위험하다. 게다가 각종 재료들을 손질하는 데 쓰이니 위생에 신경 써야 한다.

자기 쓰는 물건을 정확히 아는 사람이라 가능한 방식이다. 스테인리스 재질의 주방 싱크대도 사용자의 편리에 따라 맞춤 제작했다. 눈에 띄는 건 싱크대 서랍의 각종 쓰레기를 수납하는 공간이다. 분리수거 공간은 3단으로 나누었다. 5리터 쓰레기봉투와 2리터짜리 음식물 봉투들이 자리를 잡았다. 특히 냄새 방지를 위해 음식물 봉투를 덮을 수 있게 만든 스테인리스 잠금 장치가 아이디어다. 빈센트의 집을 방문하는 사람들은 이런 것들에 감탄하는 일이 많다. 한 친구는 이 집의 정리 정돈을 보고 이렇게 말했다고 한다.

"빈센트가 사는 공간은 뭐든 이유가 없는 게 없다."

질문이 필요를 만든다

"삶의 필요는 부족함에서 나온다. 부족함은 질문을 만든다. 그리고 필요한 질문은 쓸모를 만든다."

이런 생각을 하며, 빈센트의 정리 정돈 공간을 더 구경하기로 한다. 세탁기가 놓인 그 옆의 코너 자리에 폭 30cm가 될까 말까 한 자투리 공간이 남았다. "여기를 어떻게 사용하지?"란 질문이 쓸모를 만들었다. 그냥 됐으면 먼지가 쌓일 공간에 긴 수납장을 만들어 넣었다. 수납장 아래엔 바퀴를 달아 쉽게 넣고 뺄 수 있게 했다. 수납장을 쭉 빼자 각종 세제와 세탁 용품들이 정돈된 모습을 드러냈다.

'허, 그거 참 오밀조밀한 아이디어네' 감탄하며 집 밖을 구경했다. 한옥의 작은 마당을 지나 사랑방이 있다. 거기 2층 옥상으로 오르는 계단이 있다. 사선 형태의 계단 아래로 직삼각형의 창고를 짜 맞춰 넣었다. 미리 집 안 곳곳의 용도를 계산하고 움직이는 빈센트의 정리 정돈 방식은 그렇게 적절한 수납공간을 만들었다.

본채의 외부 벽에는 에어컨 실외기를 넣는 붙박이 수납장을 짰다. 보통의 에어컨이라면 에어컨 설치 업자가 와서 실외기를 설치하는 작업으로 마무리될 것이다. 그런데 빈센트는 실외기에도 자신만의 작전을 짰다. 두 대의 실외기에는 영문으로 L과 B의 사인을 남겼다. 살림 좀 해본 사람은 짐작할 텐데, L은 거실Livingroom 에어컨, B는 침실Bedroom 에어컨임을 알려준다. 뭔가 고장이 났을 때, 그 위치를 쉽게 알 수 있게 해둔 장치다.

물건의 위치를 몰라 고생했던 기억이 있다. 어느 날, 우리 집 에어컨에 문제가 생겨 수리공을 불렀다. 내가 사는 집은 여러 가구가 사는 빌라인데, 가구 수만큼의 실외기가 옥상에 설치되어 있다. 그러나 실외기에는 호수 표기가 되어 있지 않았다. 한참 동안 옥상과 집을 오르락내리락거린 수리공이 겨우 정비를 마치고 이런 하소연을 했다.

"에구, 실외기 위치만 빨리 파악할 수 있었어도 이 고생은 안 했을 텐데요."

빈센트는 에어컨 수납장에 실외기 두 대를 위로 올리고, 그 아래

공간에는 사각형 형태의 스테인리스 수납장을 제작했다. 이 공간은 청소와 가드닝을 위한 마당 정리용 도구를 수납할 예정이다. 이웃의 시선으로 바라본 이 집 실외기는 지극히 단정하다. 주변의 툭 튀어나온, 녹슬고 먼지 쌓인 실외기들과 비교하면 도시 미관에 도움 되는 쪽은 분명하다. 그렇게 빈센트의 정리 정돈은 함께 사는 풍경을 배려한다.

처음은 늘 쉽지 않다

"주변에 정리 정돈을 잘하는 사람들이 있어. 단지 예쁜 정리 정돈은 아니야. 내가 사는 삶을 관찰한 데서 오는 정리법이라고 할까. 이를테면 매일 쓰는 젓가락의 개수, 요리하는 칼들의 크기, 양념통의 종류와 접시의 개수를 알아야 가능한 일이지. 사는 사람의 소유물과 용도를 정확히 알 때 적절한 정리 정돈이 시작되는 거야."

빈센트는 삶의 방식대로 한 번 정리 정돈이 되면 다가오는 모든 일상이 편하다고 했다. 남과 일하는 방식 또한 효율적이다. 그가 일을 요청하는 방식에는 뭉뚱함이 없다. 구체적이고 꼼꼼하다.

자기 삶을 정리 정돈하는 이의 설계도엔 빈틈이 없다.

만약 하나의 수납장을 설계하는 데 1~100의 주문이 필요하다면 빈센트는 그 100 모두를 메모한다. 일을 맡기는 방식도 그에 따른다. 수납장을 만들 사람들에게 100에 관한 이야기를 설명하고 점검한다. 그렇게 나와 그가 충분히 이해되었을 때 일은 시작된다.

"정리 정돈은 일을 시작하기 전의 태도에 관한 것일 수 있어. 내가 정리되어 있지 않으면 다른 사람이 힘드니까. 난 일을 맡길 때 뭐든 적당주의가 없어. 미리 철저하게 주문을 하기 때문에 결국 일하는 사람들이 편하지. 게다가 결과물을 놓고 서로 다툴 일이 안 생겨. 그렇게 보면 정리 정돈은 불만을 줄이고 효율을 높이는 삶의 태도가 아닐까."

빈센트의 정리 정돈에는 4가지의 분명한 콘셉트가 있다. 이 4가지는 비단 정리 정돈뿐 아니라 쓸모 있는 삶을 위한 빈센트의 원칙이라고 할 수 있다.

1. 안전
2. 기능활용
3. 비용
4. 아름다움이다.

1과 2는 순서를 바꿀 수 없는 상위 개념이고, 3과 4는 순서가 바뀔 수 있는 항목이다. 빈센트는 이 4가지가 충분치 않은 쓸모는 쓸모가 아니라고 말한다.

정리 정돈을 잘하는 사람들의 특징이 있을지 궁금했다.

"머무는 공간에 대한 일종의 책임감이라고 할까. 어렸을 때부터 자주 쓰는 공간이 어지럽혀져 있으면 왠지 창피하고 거북한 느낌이 들었거든. 자기 공간 하나 정리하지 못하는 사람이 다른 일을 어떻게 정리할 수 있을까? 공간에 대한 그런 책임감인 거지."

"정리 정돈을 잘하는 노하우가 있다면요?"

"누구나 처음엔 쉽지 않아. 어쩌면 세상 모든 쓸모는 오래된 삶의 습관이야. 예를 들어 삼시 세끼 밥을 챙기는 게 쉬워? 그렇지 않잖아. 정리 정돈 역시 처음엔 의무적으로 해야 해. 처음엔 어색하고, 하기 싫은 딱딱한 감정들이 생기겠지. 하지만 꾸준히 하다 보면 그게 몸에 배는 거야. 적절히 쌓일 때 우리 삶은 그전보다 튼튼해질 거야. 그래서 어린아이들한테 정리 정돈 같은, 좋은 습관에 대한 교육이 있으면 좋겠어. 그 아이들이 자라면 우리 사회가 더욱 튼튼하겠지."

"양념 보관통이나 음식물 쓰레기봉투 잠금 장치가 인상적이었어요."

"뭐든 필요가 있어야 시작이 되겠지. '지금 내게 뭐가 필요하지?

내 삶이 왜 이 모양이 됐지?' 그걸 바꾸려면 뭐가 필요할까? 필요에 대한 질문이 많아야 하는 거야. 답을 찾는 일은 거기서 시작되니까. 이런 실험을 통해 삶을 더 윤택하게 할 수 있겠지. 또 하나 중요한 게 있어. 결과물이 나왔을 때 냉정할 필요가 있어. 만들었는데 자주 안 쓰고 오래 못 쓰는 물건이라면 그건 쓸모가 없다는 거니까. 결국 시작은 느리지만, 나중은 빠르고 편리한 삶을 선택하는 거야."

요즘 시대엔 정리 정돈을 위한 다양한 기성품이 있다. 그런데 굳이 손수 만드는 이유가 궁금했다.

"물론 물건은 많지. 그런데 내 쓸모에 딱 맞는 것들은 아니잖아. 난 내 삶에 필요한 것들을 애써 만들면서 나만의 아이디어를 만들어가는 거야. 내 삶에 의미 있는 일이고, 주변에 기여할 수도 있을 테니까."

"직접 만드는 건 아무래도 비용이 더 들죠?"
"아무래도 그렇지. 시간적, 물질적으로 고비용이지. 그래서 진짜 내 삶에 필요한 것들만 주문하게 돼. 난 세상에 쓸모 있는 것들은 그만큼 비싸다는데 동의하는 쪽이야."

"한편으로 정리 정돈이 필요한 삶이란 건 생각보다 많은 물건을 소유하고 있다는 얘기잖아요. 한쪽에는 비우는 삶이 있어요. 부부 둘이 사는 빈센트의 집에는 젓가락이며 양념이 너무 많다는 생각도 들어요. 비우는 쪽을 생각하진 않나요?"

"나 혼자 살 때는 비우는 쪽이었지. 그런데 집사람의 삶은 나와는 달랐어. '신상'을 좋아하고, 좋은 물건들을 수집하는 걸 좋아하니까. 젓가락 수집은 집사람의 취미야. 결국 나의 정리 정돈에는 함께 사는 사람의 취향이 담겨 있어. 결국 각자 사는 만큼의 정리 정돈이 중요한 거야."

어른의 쓸모에 관한
두 번째 이야기

나의 첫 단추는 잘 끼워졌을까. 아니다.
남이 괜찮다고 말했던 편한 길에 적당히 타협하고
적당히 얼버무린 삶이라 결국 손이 더 가는 나이가 되었다.
지금 재수선을 하자니 투입되어야 할 엄청난 시간과 비용에
덜컥 겁이 난다. 이번에도 적당히 타협한다면
버려지는 일만 남았겠지.

쓸모 인류가 만드는 삶의 풍경

빈센트의 정리 정돈에는 사람 이야기가 들어 있다. '정리 정돈이 만들어가는 사람 풍경'이라고 하면 더 분명하다. 우리는 을지로 3~4가에 위치한 공구 상가와 동대문 주방 제작 업체에 들렀다. 두 곳 모두 빈센트가 정리 정돈용 선반을 맡긴 곳이다.

을지로 대림상가 아래쪽으로 공구점이 즐비하다. 그중에 '메탈 101'이란 간판을 단 곳이 빈센트의 단골이다. 사장은 30대 초반으로 순박한 인상을 지녔다. 빈센트는 이 친구에게 '메트론'이라는 영문 별명을 붙여줬다. '메탈' 간판에서 연상한 별명이다. 메트론에게는 철제 용접과 글라인딩 작업을 주로 맡겼다.

"수많은 가게가 있지만 여기가 내 단골이야. 내가 만드는 것들이 좀 별나잖아. 돈 안 되는데 고생한다고 툴툴대거나, 이런 걸 뭐 하러 만드느냐고 타박하지 않는 친구야. 내 주문만큼 꼼꼼하게 작업하고, 자기 일에 대한 열정이 있는 친구야."

빈센트는 메트론이란 친구가 결혼한다는 소식에 축의금을 전달했다. 서로 거래한 지 얼마 되지 않은 때였다. 사실 사람과 사람 사이에 이런 왕래는 쉽지 않다. 그만큼 일하는 과정이 마음에 맞았기 때문이리라. 정리 정돈이 만든 인연이다.

동대문의 주방 가구 제작 업체 중 한 곳은 스테인리스 주방용품을 전문으로 제작하는 곳이다. 빈센트가 주문한 싱크대와 주방용 선반, 실외기 보관함 등을 수준 있게 만들었다. 대부분 작업은 업체가 수요자의 현장에 들러 확인하고 실측한 뒤 수요자가 원할 만한 도면을 그려 납품하는 식이다. 빈센트는 직접 꼼꼼한 도면을 그려 왔다. 담당자는 서글서글한 인상으로 '루카스'라는 이름을 얻었다. 루카스는 빈센트와의 작업을 이렇게 말했다.

"아주 재미난 작업이었어요. 보통 가정 주방에서 스테인리스 재료를 잘 사용하지 않잖아요. 그래서 이런 쪽 일을 할 기회가 드문데, 빈센트의 요청으로 새로운 작업을 해본 거니까요. 스테인리스 재료의 특성상 사용하다 보면 생활 흠집이 나거든요. 그러면 모르는 사람들은 이거 불량 아니냐, 맘에 안 든다면서 반품하는 경우가 있어요. 재료가 가진 물성을 몰라서 그런 거죠. 그래서 작업 특성을 아는 사람과 일을 하는 건 늘 즐겁죠."

빈센트가 말을 이었다.

"스테인리스는 여러 재료 중에서 매우 높은 품질을 갖고 있어. 위생이나 관리 등을 고려할 때 집에서의 활용성이 최고인 재료지. 다만 집이 서양식 구성이나 컬러감이 있을 때 더 잘 어울리긴 해. 루카스가 속상해하는 불량이나 반품 문제는 아쉬운 일이야. 왜 우리는 그걸 더 좋은 걸 얻을 기회라고 생각하지 못할까? 작은 실수들이 생기면 서로 의논하면서 더 나은 것들을 만들 수 있는데 말이야. 사실 문제가 전혀 없다고 생각할 때 문제가 생기는 거야. 반대로 언제든 문제가 생길 수 있다고 가정할 때 우리는 더 좋은 쓸모를 얻을 수 있어."

빈센트의 친구 루카스는 실외기 보관함을 만들면서 얻은 바가 컸다고 했다.

"솔직히 누가 에어컨 실외기에 그런 시간과 돈을 쓰겠어요. 신경 안 써도 에어컨 업체에서 다 해주는데요. 이번에 작업하면서 '아, 이런 삶의 아이디어가 있구나' 그런 생각이 들어 더 즐거웠죠."

빈센트는 루카스를 초대했고, 함께 저녁 식사를 나눴다. 빈센트의 집에는 초대한 사람들이 잊지 않고 적는 방명록이란 게 있다. 사람들마다 그 날의 한 줄 평을 남기는데, 이게 모아지니 나중엔 집의 일

기장 같은 기록물이 되고 있다. 루카스는 방명록에 이렇게 적었다.

"많이 배웠습니다. 감사합니다."

애써 쓸모를 찾는 사람들이 만드는 다른 풍경이 있다. 물건을 만들면서 거기 함께 하는 사람들에게 감사할 줄 안다. 한편으로 어른스럽다는 것은 지금 함께 하는 것들을 소중하게 대하는 태도가 아닐까. 빈센트의 정리 정돈이 만든 인연이 그런 말을 들려주었다.

어른의 '기회비용'

빈센트의 집 구조는 단순하다. 본채와 별채로 된 한옥이다. 본채는 주방과 거실, 침실이 오픈 형태로 구성된다. 본채 옆 작은 마당을 지나면 별채가 있다. 별채는 침대 하나가 놓인 공간이다. 손님이 집을 방문하면 게스트 하우스로 쓰일 법하다.

별채 지하에 사다리를 타고 내려가는 창고가 있다. 창고에는 여러 수납공간을 마련했다. 가족의 오래된 물건들과 빈센트의 작업용 공구들을 품목별로 수납해뒀다. 이 보이지 않는 공간이 있어 유용하다. 덜 쓰는 물건이나 계절별 물건들이 자리를 잡았다.

별채 위는 작은 옥상이다. 아파트로 치면 테라스가 이곳이다. 여기서 보는 동네 풍경이 참 고즈넉하다. 동네 한옥들의 지붕이 각각의 사이즈로 풍경을 만든다. 이 동네 지붕들은 세모, 네모 등으로 다양한데, 자로 잰 듯 정리되지 않은 옥상이 더 편안한 풍경으로 다가온다. 옥상에서 동네를 바라보다, 문득 사람 사는 온기를 생각한다. 온기는 다양성 속에서 더 따뜻해진다는 생각이 든다.

옥상에 철제로 만든 티 테이블이 하나 놓여 있다. 중고 물품이다. 원래 다른 색상인데, 흰색으로 덧칠했다. 빈티지 테이블을 구해 주인장의 감각으로 리모델링 중이다. 그런데 테이블의 변신이 썩 마음에 차지 않는 눈치였다.

"여기 테이블 다리에 크랙^{갈라진 틈}이 보이지. 칠을 대충 해서 그런 거야. 원래는 한 번 칠하고 말린 다음에 덧칠하는 수고가 필요하거든. 특히 테이블 아래쪽은 분리해서 따로 칠해야 페인트칠이 안 갈라지는데 사람들이 꼼꼼하지 못해 그런 거야. 오늘 재수선을 맡길 건데, 같이 가볼래?"

여간 깐깐한 태도가 아니었다. 그 정도 크랙이면 빈티지한 맛이 있다며 그냥 쓸 일인데, 빈센트는 원하는 만큼의 완성도를 꼭 따지는 타입이다. 자기 물건을 다루는 데 타협이 없다.

테이블 수리에 불만인 그와 을지로 철물점에 동행했다. 탈것으로는 오토바이 정도가 겨우 오갈법한 을지로 뒷골목은 쇠 가는 소리로 분주했다. 원래 무뚝뚝했을 골목길은 쇠 가는 소리와 분진으로 더 무뚝뚝한 분위기였다. 일하는 사람들은 행인의 관심에 무관심했다. 그저 해야 할 일을 무뚝뚝하게 하고 있다. 골목길의 막다른 곳이 테이블 수리 공장이었다. 가져온 티 테이블을 사장에게 건네면서 깐깐한 주문이 이어졌다.

"여기 벗겨진 칠들이 보이죠. 건조를 잘해서 꼼꼼하게 마무리해야 되는데 그게 안 됐어요. 특히 테이블 아래쪽은 다리를 분리해서 더 꼼꼼하게 해줘야 해요. 볼트들을 모두 푼 다음에 칠을 해줘야 하고요."

나는 조금 안절부절못했다. 혹여 수리점 사장이 "아니, 이 정도면 됐지, 뭘 더 바라요. 더 이상 그 비용으로는 못 하겠소"라고 짜증을 내면 어떡하나 싶었다. 어차피 오래된 중고 물건이니. 다행히 반발은 없었다. 빈센트의 꼼꼼한 논리에 수긍하는 눈치였다. 거래가 수월해진 데는 빈센트의 '밀당'이 한몫했다.

"물론 바쁜 건 알아요. 정해진 비용과 시간을 따지면 이 정도도 잘된 거죠. 그런데 내가 원하는 건 아주 꼼꼼한 거예요. 자, 다시 적당한 시간과 그만큼의 수리비를 추가할 테니 내가 원하는 만큼 테이블을 완성해줘요. 가능하죠?"

탁월한 전달자였다. 또 원하는 바를 얻기 위해서는 그만큼의 대가를 제공해야 한다는 것을 잘 아는 협상가였다. 수리에 대해서는 아무것도 모르는 상태에서 이런 요청을 하면 생트집이 됐을 것이다. 물건을 만드는 쪽의 시간과 비용을 배려하지 않았다면 말 그대로 '진상 손님'이 됐을 것이다.

"어차피 오래된 중고 물건이잖아요. 게다가 밖에서 쓸 건데, 그 정도 페인트칠이면 괜찮지 않아요?"

"뭐, 적당히 타협하면 그럴 수 있지. 그런데 나는 저 테이블을 하자 없이 오래 쓸 생각이거든. 처음 수리된 상태로 두면 얼마 못 가 틈은 더 갈라지고 칠이 벗겨져서 상태가 심각해질 거야. 그러면 얼마 안 가 더 많은 시간과 비용이 들겠지. 골칫덩이가 되는 거야. 뭐든 처음이 중요해. 처음에 꼼꼼하게 해둬야 손이 덜 가고 오래 쓰는 물건이 되는 거야."

쇳소리 가득한 을지로 철물점에서 어떤 '인생의 거래'를 생각해보았다. 어른이 된다는 건 올바른 '기회비용'을 선택하는 일이다.

나의 첫 단추는 잘 끼워졌을까. 아니다. 남이 괜찮다고 말했던 편한 길에 적당히 타협하고 적당히 얼버무린 삶이라 결국 손이 더 가는 나이가 되었다. 지금 재수선을 하자니 투입되어야 할 엄청난 시간과 비용에 덜컥 겁이 난다. 헐거워진 볼트를 다시 조이고 벗겨진 페인트칠을 꼼꼼하게 다시 해야 할 시간이 왔다. 이번에도 적당히 타협한다면 버려지는 일만 남았겠지.

어른의 기회비용을 생각하는 날이었다.

인생의 마찰이 쓸모를 만든다

몇 해 전 지인에게 느티나무 원목을 선물 받았다. 제법 근사한 좌탁으로 쓰일 법한 사이즈의 나무는 세월만큼 훌륭한 나이테를 자랑했다. 저만큼의 나무면 이런 정도의 사연이 담겨 있겠지. 어느 날 오래된 땅에 느티나무 씨앗이 심어졌다. 그 땅은 여러 해를 거쳤고 가뭄과 비와 찬 바람과 눈을 맞았다. 씨앗은 묘목이 되고, 시간을 더듬어 오래된 고목이 되었다. 그러던 어느 날 나무는 번개를 맞아 줄기가 갈라졌고 점차 생명을 잃었다. 어떤 사람이 그 고목을 잘랐다. 나이 든 고목은 그 세월만큼 여러 개의 통판이 되었다. 여러 사람이 예쁘다, 멋지다고 말하며 각자 나무를 가져갔다. 가져간 사람에 따라 고목은 여러 용도로 제 쓸모를 찾아갔다. 나는 선물로 받은 나무의 결을 쓰다듬으며 그 쓸모를 얻기까지 거쳐 왔을, 실로 오래된 축적의 시간과 양을 생각했다.

우리 나이로 예순 일곱. 여러 사람이 부러워하는 빈센트의 쓸모를 지켜보며 문득 그때 그 느티나무가 떠올랐다. 나이 든다고 다들 쓸모 있게 사는 것은 아니다. 한 나무의 쓸모가 오랜 세월을 버틴 덕이라면, 한 인간의 쓸모는 어디에서 비롯될까.

빈센트라는 인간에 대해 조금 친절히 설명할 겸, 그리고 쓸모 있게 사는 비결이 궁금해 그의 '왕년'에 대해 물은 적이 있다. 그는 한국인 어머니와 중국인 아버지 사이에서 태어났다. 아버지는 작은 사업체를 운영했다. 그에 따라 한국에서 잠깐 어린 시절을 보냈고, 홍콩과 중국, 하와이 등에서 학창 시절을 보냈다. 미국의 괜찮은 대학을 다녔다. 아버지는 그에게 의대를 권유했으나 그는 엔지니어 전공을 선택했다. 대학원에서는 금융 투자 분야를 공부했다.

금융+엔지니어 결합자이니 사회에서 불러주는 데가 많았다. 4~5군데 첨단 공학 분야 회사와 금융권을 오가는 사회생활을 했다. 여기까지는 어느 인간이 거쳐 온 "왕년에~" 타이틀로 짐작 가능한 행동반경이다. 그렇다고 한 사람의 지속 가능한 쓸모에 대한 증거가 될 수 있을까. 수학의 교집합으로 설명하자면 필요조건일 수는 있으나 충분조건은 아니다. 그렇다면 빈센트가 지닌 쓸모의 충분조건이 있을 텐데, 그건 무엇일까.

먼저 그는 원만한 조직 생활자가 아니었다. 그가 속했던 조직에서는 적절한 '예스맨'을 원했는데, 그는 고분고분하지 않았다. 예를 들어 금융권에 다닐 때는 근사한 정장에 젠틀한 사회적 태도를 강요했는데, 그는 셔츠 차림이 더 편했다. 그래서 당신의 작은 취향이나 기질 때문에 대접 받는 직장을 때려치울 수 있느냐고? 취향과 순응 사이에서 전자를 선택하는 사람들이 있다. 빈센트가 그쪽이었다. 친구들이 그런 그를 이렇게 말할 때가 있었다.

“넌 누가 정한 규칙에 고분고분하게 예스, 예스 할 타입이 아냐. 그게 걱정이야.”

세상의 어떤 선택은 달랑 두 단어 사이에서 결정해야 하니 어렵다. 내 안의 기질과 남이 정해서 따라야 하는 어떤 규칙 사이. 그 사이에서 하나를 선택해야 할 때가 있다. 당시 빈센트는 혼자 괴로워할 때가 많았다. 누가 그 선택을 해결해줄 리 없으니 혼자서 우울했다. 한번은 다니던 회사의 불합리한 시스템에 반발해 소송까지 간 적이 있다. 그때 빈센트는 사는 동네에서 가장 우울한 청년으로 목격되곤 했다. 혼자 끙끙대며 잘 살아갈 방법을 찾아야 했다. 그러면서 빈센트는 인간이 성장하기 위해서는 ‘내 안의 마찰^{싸움}’이 필요하다는 것을 깨닫게 됐다.

“그때 나는 알게 됐어. 남 밑이 아니라 내가 주인이 되는 삶을 살아야 하는 사람이 있어. 그때의 마찰을 겪으며 다행히 나의 쓸모를 찾아갔던 거지.”

대부분 직장인이 겪는다는 월요병이란 게 있다. 당장 월요일에 출근하기 싫어 일요일 밤이 초조한 시간이 된다는 건데, 빈센트처럼 마찰을 겪으면 그 병이 치료될까. 글쎄, 모를 일이다. 누구는 더 시름시름 앓게 될 테니, 결국 자신이 감당 가능한 '마찰'을 선택하고 살아가는 삶이다.

제 성질을 안 뒤로 빈센트는 회사를 떠났다. 나이 마흔 이후로 자기 사업을 하고 몇 개 프로젝트를 진행했다. 또 투자 경력을 살려, 요즘 말로 작은 스타트업들에 투자를 했다. 일부 투자는 실패했고, 일부 사업과 투자는 성공했다. 그 덕에 경제적 안정의 기반을 마련했다. 그러면서 '내가 주인이 되는 삶도 지속 가능하구나'란 걸 경험했다.

빈센트는 인생의 어느 시점이 되면 자신의 인생에 내기를 걸어야 할 때가 있고, 그 시점이 자신의 기질을 가장 잘 알려주는 때라고 말한다. 나는 빈센트의 "왕년에~"가 성공한 걸 들으면서 그 이상으로 다행이라고 생각했다. 이를테면 빈센트의 까칠한 선택이 결국 실패가 됐다면 '내가 주인 되는 삶'을 선택하는 인간들이 더 줄어들 것이란 계산에서 그렇다. 그러고 보면 미래를 계산하는 일에 괜히 복잡해하고 고민할 이유는 없는 것 같다. 어차피 알 수 없는 반반의 확률이라면, 지금 필요한 쪽의 덧셈을 선택하면 그만 아닐까.

이 이야기를 쓰는 지금은 일요일 밤이다. 오후 늦게까지 소파에 축 늘어져 있다가 밤이 되어서야 겨우 컴퓨터를 켰다. 빈센트의 이야기를 정리하면서 잠시 월요병을 잊는다. 빈센트 이야기의 핵심은 '인생 마찰'에 관한 내용이다. 빈센트의 마찰에서 이런 질문을 읽는다.

"어차피 내가 끌고 나가야 할 인생인데, 왜?"

이런 굵은 질문만 있었다면 크게 공감되지 않았을 이야기. 그러나 빈센트에겐 일상의 작은 "왜?"가 꼬리를 물었다. "내 집인데 내 손으로 고쳐야지, 왜?", "나 먹을 건데 남자, 여자가 따로 있나. 남자가 요리하면 어때서?", "지금 밥벌이를 그만두면 어떡하지. 사람 사는 데 죽으란 법은 없는데, 도대체 왜?"⋯ 이 많은 "왜?"에서 빈센트가 지닌 쓸모의 힌트를 확인한다. 자기 인생의 "왜?"가 쌓이고 쌓여 지금 빈센트의 쓸모를 만들었을 것이다.

어쩌면 우리가 농담처럼 얘기하는 월요병이란 게 결국은 싫음과 좋음 사이의 마찰 아니던가. 거기서 열이 난다면 우리는 어느 순간의 감기처럼 그 열을 내리는 법을, 반대로 계속 고열에 시달리는 이유를 대충은 알고 있다. 그럼에도 열을 내리는 쪽을 선택하지 못하는 사람이 많다. 여전히 열에 시달리는 쪽을 살아가는 우리들에게, 지금 삶 어딘가에 열을 내리는 선택이 있다는 것을 말해주고 싶다.

오래 쓸 물건을 고른다

"난 쇼핑할 때 가능한 한 오래 쓸 수 있는 물건을 구입해. 물건을 샀다가 얼마 안 돼 버리게 되면 그만큼 자존심 상하는 일이 없거든."

어른의 쇼핑과 자존심의 상관관계. 나는 그 공식 앞에서 별로 할 말이 없다. 돌아보면 나의 쇼핑에는 자존심이 없었다. 이런 식이다.

1. '남들은 뭐 샀나' 귀가 솔깃하다.
2. '어, 이런 것도 있었네'라며 안 가져도 될 큰 관심을 갖는다.
3. 이미 구입한 비슷한 게 있지만, '그건 이것과는 달라'라며 착각한다. ^{자기 합리화}
4. 몇 달 할부로 할까 잠시 고민한다. ^{제법 값이 나가는 물건일 경우}
5. 택배 도착일을 수시로 검색한다.

7. 한동안 필요한 물건을 샀다며 만족스럽다.

8. 그러다 어디 갔는지 찾을 수가 없다.충동구매 후 방관

　이런 소비 성향이 경제적 근심으로 이어질 때가 많다. 그래서 나름의 제어 장치를 마련해두긴 했다. 첫째, 최종 구입 버튼을 누르기 전에 통장 잔고를 확인한다. 둘째, 어쩔 수 없이 할부를 해야 할 때는 구입을 미룬다. 셋째, 이미 비슷한 물건이 있다면 구입하지 않는다. 넷째, 홈쇼핑 채널은 보지 않는다. 혹시 보더라도 "시간이 얼마 남지 않았습니다", "이미 많은 분이 구매하고 있습니다", "일부 사이즈는 주문 물량이 많습니다" 등의 현혹하는 멘트가 나오면 바로 채널을 돌린다 등과 같은 것이다.

　한때 골동품에 빠진 적이 있다. 이태원의 골동품 거리를 수시로 다녔고, 단골 가게가 생겼다. 책상을 사고, 램프를 사고, 상아로 만든 장식품을 사고, 앤티크 난로와 라디오를 구입했다. 그 많던 골동품은 어디로 갔을까. 일부는 아는 집에 분양되고, 일부는 창고에 처박히고, 일부는 버려지고, 일부는 따로 구입한 물건으로 대체되고, 그나마 일부는 중고 시장에서 되팔렸다. 어른의 쇼핑법이 궁금했다.

　"이 사회엔 나쁜 자본주의자가 많아. 이윤 추구를 앞세워 거짓 물건을 파는 경우가 더러 있거든. 결국 사는 사람이 영리해져야 해. 거짓된 물건을 알아보는 눈이 있어야겠지. 사는 사람이 영리해져야 못

된 자본주의자들이 뜨끔하지 않겠어. '돈을 벌려면 제대로 만들어야겠구나' 하고 각성을 하겠지. 영리한 소비자가 많아질수록 괜찮은 생각을 하는 자본주의자가 늘어나는 거야."

빈센트는 오래 쓸 물건을 쇼핑하는 3가지 기준을 갖고 있다.

디자인이 좋을 것 물론 사는 사람의 안목이 있어야겠지만

가격이 정직할 것 정직한 재료에 대한 가치

오래 쓸 수 있을 것 견고해서 웬만해서는 탈이 안 나는 물건

마지막으로 사람을 귀찮게 하지 않을 것 잔고장이 없거나, 관리가 편해서 쓰는 사람이 편하게 사용할 수 있는 물건

그의 주방에 놓인 식탁 의자가 한 예다. 의자는 심플한 모양을 가진 철제 스툴이다. 생산지는 '메이드 인 차이나', 중국산이다. 요즘에야 '대륙의 실수'라 불리는 샤오미 같은 근사한 디자인의 제품이 있지만, 중국산하면 그저 값싼 물건으로 취급 당하던 시절이 있었다. 오래 쓰는 괜찮은 물건을 고른다는 사람이 중국산 중고 의자를 구입하다니.

"을지로에 가구 거리가 있어. 원래 거기서 의자를 고르려고 했지. 그런데 내게 마땅한 물건을 찾지 못했어. 어떤 물건이 마음에 들면 품질 대비 가격을 너무 비싸게 부르는 거야. 또 물건을 팔려는 욕심

에 사람을 속이기도 하고. 물건 좀 보는 사람이라면 속을 일이 아니잖아. 그래서 을지로 뒷골목을 뒤졌지. 이 의자는 빈티지야. '메이드 인 차이나'지만 재료 자체가 괜찮아. 무게가 가볍고, 디자인이 괜찮아. 주방의 아일랜드 식탁 높이와도 사이즈가 맞고. 그래서 기분 좋게 구입했지. 처음에는 골동품 의자라서 페인트칠이 벗겨지고 외관이 좋지 않았어. 중고 의자라 외양은 낡았지만 틀 자체는 튼튼했어. 물건은 주인을 잘 만나야 해. 오래 쓸 물건이라면 그만큼 관리가 필요해. 꼼꼼하게 페인트를 다시 칠했어. 의자를 고정하는 부품들을 교체했고. 의자 바닥에는 앉는 사람이 흔들리거나 미끄러지지 않게 고무 패킹을 새로 달았어. 어때? 아마 바닥의 고무가 닳을 때까지 10년 이상은 잘 쓸 수 있을걸. 그리고 보면 쇼핑도 슬로, 슬로~인 거야. 그래야 내 삶에 어울리는 오래 쓸 물건을 만날 수 있어."

내 삶에 쓰일 물건은 사는 게 아니라 만난다는 말이 인상적이다. 빈센트의 나무 테이블에 자리한 나무 의자들 역시 그랬다. 꽤 튼튼한 원목으로 만들어진 의자들이다. 그는 의자 등받이를 잘라 테이블 안으로 쏙 들어가게 했다. 등받이가 낮으면 긴장해 바른 자세로 앉을 수 있다. 빈센트의 집을 찾은 사람들은 튼튼하고, 적당한 높이를 가진 의자에 앉아 수다를 떤다. 앞으로도 의자들은 거기 앉을 손님들의 몸을 오랫동안 지탱해줄 것이다.

"꽤 좋은 나무로 만든 의자들이야. 세월이 오래됐지만 여전히 튼튼한 모양을 유지하고 있어. 내가 직접 다리 길이를 자를 수 있지만 목공 전문가에게 수리를 맡겼어. 사람 몸에 딱 맞는 튼튼한 형태를 유지하려면 전문가의 손길이 필요한 거니까. 비용은 제법 들었지만 오래 쓰는 비용을 따지면 잘한 선택인 거야."

빈센트는 여전히 오래 쓸 물건을 탐낸다. 쇼핑을 즐기고, 그런 물건들을 만나는 날이 즐겁다. 오래 쓴 물건이 늘어난 탓에 집에는 그만큼의 수납공간이 필요했다. 원래 이 집을 리모델링하면서 지하에 집 크기만큼 큼지막한 창고를 만들 생각을 했다. 그러나 이런저런 사정으로 창고를 만들지 못했다.

"난 여전히 갖고 싶은 물건이 많거든. 또 계절마다 다른 인테리어를 해보고 싶고, 그만큼 물건을 보관할 곳이 필요해서 지하실을 만들 생각을 했지. 지하실이 있으면 내가 고른 오래된 물건들을 잘 보관할 수 있잖아. 지하실을 만들었으면 마치 와인 창고처럼 숙성된 물건들의 보관 장소가 됐을 텐데, 그게 좀 아쉽지."

쇼핑법 중 '쓰는 사람을 귀찮게 하지 않는 물건'에 관심이 간다. 한 번 구입하면 잔고장이 없고 관리가 편한 물건들이다. 주방 테이블 위 근사한 조명은 그 반대의 예다. 사실 이 조명은 쓰는 사람을 귀찮게 만드는 쪽이라고 했다.

"사실 천장의 조명은 되도록이면 심플한 것을 고르는 게 좋아. 왜 냐하면 천장에는 먼지가 많이 쌓이니까 청소하기 편한 것이 효율적 이지. 그런데 저 천장 조명은 여러 갈래로 뻗은 화려한 형태라 솔직 히 청소가 쉽진 않아. 귀찮은 걸 싫어하는 사람이 저런 화려한 물건 을 골랐느냐고? 멋지잖아! 집에 저런 조명이 수십 개라면 청소하느 라 귀찮겠지만, 그런 물건이야 한두 개뿐이잖아. 가끔은 멋지다는 이유 하나로 물건을 선택할 때가 있는 거야."

삶의 다양한 모습만큼 다양한 쓸모가 있다. 빈센트의 쇼핑 목록이 그걸 말해주었다.

지갑을 여는 데 너그럽다

어쩌다 시간이 많이 남는 날엔 SNS에 담긴 프로필 사진을 훑어볼 때가 있다. 별 볼 일 없는 어른의 '멍 때리기'다. 누구는 셀카 사진을, 누구는 여행 사진을, 누구는 목적성 있는 문구를, 그렇게 다들 현재를 프로필 사진에 담는다고 가정한다. 가끔씩 사진을 통해 그들의 현재를 읽을 때가 있다.

빈센트의 SNS 프로필 사진에 독일의 유명한 스포츠카 포르셰가 올라온 적이 있다. 한동안 나의 프로필 사진에는 딸의 예쁜 모습이 올려졌다. 남들이 보는 프로필 사진인 만큼 예쁜 각도의 사진을 올렸다. 딸은 내게 예쁜 사람인데, 포르셰는 빈센트에게 어떤 물건일까.

한 사람의 취향에는 그 사람의 오래된 생각이 담긴다고 생각한다. 어느 날 퇴근길에 미니MINI를 몰던 노인을 본 적이 있다. 열린 차창

속으로 보이는 노인의 나이는 예순을 훌쩍 넘었다. 멋스런 스카프를 두른 모습이 미니와 꽤 잘 어울렸다. 미니를 타는 노인은 어떤 성질을 가진 사람일까. 미니 같은 개구쟁이 느낌의 차량을 타기에 2030 세대가 어울린다면, 노인이 타는 미니 역시 어울려 보였다. 왠지 그는 고리타분한 삶은 선택하지 않았을 것 같다. 미니를 타는 노인은 따분하지 않다. 예순의 빈센트에게 포르셰는 어떤 물건일까.

"살아온 세월만큼 여러 차를 경험했어. 난 공학도 출신이니까 차는 공부 거리이기도 했지. 첫 차는 머스탱이었어. 근육질의 단단함에 끌렸지. 콜벳Corvet이라는 차를 탄 적이 있는데, 날카로운 플라스틱 보디에 손을 베인 적이 있어. 그 경험으로 차는 사용자를 안전하게 보호해줘야 한다는 걸 알게 됐지. 이후론 독일 차들을 좋아했어. 처음엔 디자인에 끌려서 샀는데, 막상 타보니 차를 통해 공부하는 것이 많아. 차는 잘 달려야 하고, 운전자를 편하게 보호하는 게 기본이야. 그런 면에서 차를 만든 엔지니어들이 사람과 삶에 대한 연구를 정말 많이 하는 거야. 그래서 그런 아이디어들이 튀어나오겠지. 차는 비싸잖아. 난 비싼 값을 치르면서 물건을 만들 때의 중요한 생각들을 배우는 거야. 결국 차를 탄다는 것, 물건을 고르는 일은 연구자들의 지혜를 얻는 일이 되는 셈이야."

빈센트는 물건을 고를 때 4가지 선택 기준을 갖고 있다. 첫째는 안전성, 두 번째가 적절한 기능^{편리함}, 세 번째는 경제성, 마지막은 디자인^{겉모습}이다. 좋은 물건에는 그걸 만든 사람들의 오랜 아이디어가 함께 담겨 있다고 생각한다.

그렇게 따지면 좋은 물건을 사는 일은 그저 물건을 소유하는 게 아니다. 물건에 담긴 '지식'을 사는 일이다. 엔지니어 출신의 그는 차를 통해 수많은 메커니즘을 배울 수 있었다고 말한다. "좋은 집에 살면 훌륭한 건축가가 될 수 있다, 집을 공부하면서 훌륭한 목수가 될 수 있다, 좋은 물건을 통해 인간의 지혜를 배운다"고 빈센트는 말한다. 이즈음 "사는 게 공부"라던 '평생 공부'의 면모를 본다. 일상의 '평생 공부'가 '평생의 쓸모'를 만들어가는 것은 아닐까.

나는 좋은 물건을 대하는 빈센트의 입장을 옹호하는 편이다. 좋은 물건=비싼 물건 혹은 남을 따라 하는 물건이라서가 아니라, 배울 게 있는 물건이란 점에서 그렇다. 그런 면에서 물건 하나 살 때 깐깐한 소비자가 되는 일 역시 어른의 일이다. 물건 고르는 안목이 있는 사람이면 꽤 쓸 만한 어른인 셈이다.

"차는 적어도 30년 이상은 소유할 때 가치가 있어. 그래야 차의 고장이나 응급 상황이 발생하더라도 자기가 아는 만큼 대응할 수 있잖아. 이건 남에게 보여주기 위한 물건이 아니라 진짜 내 물건이 됐을 때 가능한 얘기겠지. 아는 만큼 물건의 가치가 커지는 셈이야."

빈센트는 'Form follows function'이라는 유명한 디자인 철학을 소개했다. 형태는 기능을 따라간다는 뜻이다. 어떤 삶을 선택하든 결국 '겉모양보다는 그 안의 기능'이란 말을 지지한다. 결국 세상 소비자는 두 부류로 나뉜다. 물건을 사면 그만인 사람과 물건을 두고 두고 이해하려는 사람. 빈센트는 후자였다. 오래 쓰는 물건이 따로 있는 게 아니다. 물건을 이해하는 주인을 만날 때 물건의 수명이 연장된다. 무엇보다 중요한 소비의 다섯 번째 원칙을 깨닫는다.

'구입한 물건에 애정을 갖고 그 쓰임을 이해할 것'.

요즘 들어 아내가 좋은 물건에 잔뜩 눈독을 들여 신경이 쓰이던 차였다. 청소기는 어디 거, 토스터는 이 브랜드를 사야 한다는 등의 말을 자주 했다. 청소도 자주 안 하는 사람인데, 식빵은 프라이팬에 구워도 맛만 있던데, '없는 형편에 왜 저러나' 심통이 났다.

아내도 남에게 보여주기 위해서, 과시를 위해서 물건을 사는 나이는 지났다. 어른이 된다는 건 필요한 물건을 위해 지갑을 여는 것일 뿐. 아내 역시 물건을 통해 인간의 지식을 얻으려고 그러는 일이다. 이 기회에 나도 슬쩍 발을 걸칠 생각을 한다. 내 형편에 포르셰를 살 일은 없지만, 나 좋은 것들을 몇 개 사두어야겠다고. 비싼 소비가 아니라 필요한 소비이기에.

어쩌면 나이가 든다는 건 각자의 소비에 너그러워지는 일이다.

'쓸모 인류'의 물건들

한 인간이 자주 사용하는 물건들에는 그만큼의 사연이 있다고 믿는다. "당신이 방금 먹은 음식을 알려주면 당신이 어떤 인간인지 말해주겠소"라는 유명한 말과 비슷하다. 차이가 있다면 음식이 취향에 관한 것이라면, 물건은 '쓸모'와 관련이 있다.

당신의 물건을 알려달라는 말에, 빈센트는 당장 20여 개 물건을 메모해 왔다. 빈센트가 소개한 20가지에는 물건뿐 아니라 삶의 습관들에 관한 이야기가 포함됐다. 자주 쓰고 오래된 이 물건들에는 '쓸모'에 대한 연구가 담겨 있다. 그리고 모든 좋은 물건에는 생산자의 지속적인 연구와 소비자의 필요한 선택이 맞물려 있음을 깨닫는다.

1. 젬스월드Jams world 티셔츠

하와이에서 유명한 리넨 티셔츠다. 박력 있고 화려한, 때로 귀엽고 즐거운 패턴으로 인기다. 소재는 가볍고 튼튼해서 시원하게 오래 입을 수 있다. 원단이 좋아 여행자의 옷으로 제격이다. 빈센트는 젬스월드 티셔츠를 "유머 감각 있는 쓸모 인류가 입을 만한 옷"이라고 설명한다. 티셔츠의 과감한 패턴이 유머 감각을 드러낸다. 정직하게 만드는 원단의 퀄리티는 쓸모에 관한 이야기다.

"젬스월드 티셔츠에는 하이리빙High living, 고품격의 삶의 숨은 규칙이 있어. 남들에게 과시하기 위해 럭셔리라는 용어를 쓴다면, 그와는 다른 방향을 말하는 거야. 옷을 입어보면 그 안에 숨어 드러나지 않는 정성과 솜씨를 충분히 느낄 수 있거든. 그 덕에 즐겁게 오래 입을 수 있으니 조금 비싼 비용 대비 쓸모는 충분한 거지."

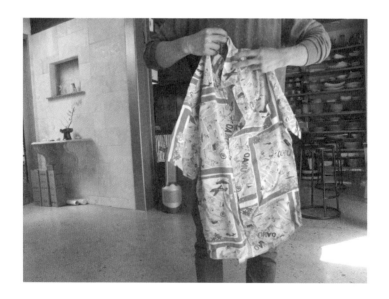

2. 에브리데이 요가

삼시 세끼 챙겨 먹듯 자주 하는 운동이다. 하루 30~40분씩 거르지 않으려고 노력한다. 아시탕가 요가현대식 요가의 한 종류. 근력이 필요한 고난도 요가의 하나다. 국내에서는 이효리 요가로 유명하다를 즐겨 한다. 빈센트는 요가라는 특정 운동을 떠나, 매일 하는 운동 습관이 필요하다고 말한다. 그의 말을 빌리면 "매일 하는 요가는 내 삶의 훌륭한 건강보험"이다. 매일 하는 운동은 감기 등 잔병에 쉽게 걸리지 않게 하고, 건강하고 지속 가능한 삶을 보장한다고 생각한다. '운동=보험'이라는 말에 흔쾌히 동의하는데, 하나 궁금한 게 있다. "운동만큼 매일 하기 어려운 게 없는데, 어떻게 매일 할 수 있는가?"에 관한 질문이다.

"운동 역시 물건이야. 오래되고 자주 쓸수록 인간에게 도움이 되니까. 운동이 하기 싫은 것, 잠시 하다 중단하는 쪽이 되지 않으려면 운동에 대한 긍정적인 태도를 갖는 게 중요해. 그러려면 어렸을 때부터 운동의 즐거움을 알아야겠지. 한 인간이 매일 운동하는 즐거움을 알리려면 부모의 역할이 중요해. 어렸을 때 어른과 함께 꾸준히 하는 운동의 참맛을 느끼게 해줘야 하는 거야."

3. Kik-step by CRAMER

킥스텝Kik-step은 높은 위치의 물건을 내릴 때 발판으로 삼는 도구다. 빈센트는 주방 높은 찬장의 물건을 꺼낼 때 크레머 킥스텝을 주로 쓴다. 오래된 브랜드로 유명하고, 사람 체중을 안전하게 버틸 만큼 튼튼하다. 발로 툭 밀면 쉽게 이동하는데, 적정 하중이 실리면 안정감 있게 고정된다. 안전성과 실용성으로 선택했다. 빈센트는 킥스텝이 "정리 정돈에 적절한 도구"라고 설명한다. 손이 안 닿는 공간에 물건을 수납할 수 있고, 언제든 필요할 때 쉽게 꺼내 쓸 수 있도록 돕기 때문이다. 킥스텝은 인간의 공간 확장을 돕는 쓸모를 만들었다.

4. 과일 깎는 칼

빈센트는 아침 식사용 사과를 깎는 데 과도Paring knife를 주로 사용한다.

"일단 내 손의 쓰임에 딱 맞는 사이즈야. 아침마다 사과를 먹는데, 그 작은 일상에 적절한 용도야. 적절하다는 건 내 손에 딱 맞아 위험이 적고, 효율적이란 말이야. AS는 놀랄 만해. 한번은 칼 손잡이에 문제가 생겨 독일 본사에 고장 난 손잡이 사진을 찍어 보냈거든. 고장 난 칼을 보내고 수리해서 다시 돌아오는 비용 모두가 무료야. 물건에 대한 이런 태도는 인정해줘야지. 그들은 한 소비자가 보낸 고장 난 칼을 보며 '왜 이런 문제가 생겼지?' 다시 합리적인 문제 해결 과정을 거쳤을 거야. 이런 훌륭한 태도를 가진 물건은 그만한 대접을 받아야겠지."

5. 올리브 나무로 만든 도마

"도마를 만드는 나무 수종은 여러 개가 있는데, 특히 올리브 나무가 탁월해. 시간이 지나도 뒤틀림이 없고 음식 냄새가 잘 스며들지 않아. 흔히 도마에 칼질을 계속하면 칼자국이 생겨 나무가 뜨는데, 올리브 나무처럼 오일을 머금은 도마는 뜨는 것도 덜하지. 나뭇결이 아름답고, 결국 대를 이어 쓸 수 있는 도마야."

빈센트는 올리브 나무 도마의 쓸모는 오래된 시간 덕이라고 했다.

"비료를 많이 써서 빨리 키운 나무는 아름다운 결이 없고, 단단하지 못해. 자연적으로 천천히, 오랜 시간을 거쳐 자란 나무라야 그만큼의 쓸모를 얻는 거야."

6. 아침 사과 한 개

인류의 아침은 화장실에서 시작한다. 응가를 잘해야 하루 스타트가 편하다. 예민하지 않고 조급하지 않고, 쓸데없는 하루의 짜증을 줄이는, 인간의 오래된 습관이다. 아침 사과가 그 역할을 돕는다. 모든 재료가 그렇듯, 사과 역시 가능하면 유기농으로 생산한 정직한 과일을 고른다. 조금 비싸더라도 농사짓는 사람의 양심이 콕 박힌 그런 사과를 고른다. 정직한 생산물을 고르는 일은 좋은 거래이면서 생산자에 대한 중요한 투자다. 깐깐한 소비자가 되는 것으로 정직한 사회를 만들어갈 수 있다.

7. 고무신

거의 매일 일상용으로 신는 신발. 시장에서 구입한 가격은 3000원대. 일단 값이 싸다. 여름철 장마 때를 비롯해 어느 계절에나 신을 수 있다. 겨울에는 덧버선에 고무신을 신는다. 신고 벗기 편해서 노인에게 더 적절하다는 설명.

"늙으면 신발 신느라 허리 굽히고 그러다가 정신을 잃고 휙 하고 쓰러질 수 있잖아. 고무신은 그럴 이유가 없어. 신고 벗기 편하거든."

여러모로 고무신은 인류에게 거의 완벽한 발명품 중 하나다. 미니멀리즘의 아버지이자 독일 브라운 사 수석 디자이너 출신, 디터 람스의 'Less is More^{적은 것이} ^{더 많은 것이다}'를 다시 생각한다.

8. 개수대 by 그르헤GROHE

독일 그로헤 사의 주방 개수대. 이 브랜드는 고급 주방 기구로 통한다. 디자인 역시 군더더기가 없다. 특히 빈센트는 개수대의 실용성에 높은 점수를 줬다.

"개수대가 막히거나 고장 나는 이유는 물속에 포함된 이물질이 들어가기 때문이야. 개수대의 고무 덮개에 이물질이 쌓이거나 부식되면서 고장이 나거든. 그로헤 개수대는 이물질 관리를 하는 자체 청결 시스템을 갖추고 있어. 무엇보다 사용자가 청소하기 쉬운 도구야."

그렇게 보면 쓸모는 보이지 않는 기능을 찾으려는 안목과 동일하다.

9. ACU-RITE 습도계

나이가 들수록 건강한 삶을 추구해야 한다. 습도계는 거주 공간의 적정 수분을 체크하는 필수 도구다. 인간의 허파는 적당한 습도를 머금어야 필요한 산소를 흡수해 건강한 호흡에 도움을 준다.

너무 습하면 사는 공간에 곰팡이가 생긴다. 공간의 적정한 습도를 유지하기 위해 매일 습도계를 확인한다. 이 일은 삶의 적정성을 유지하는 인간의 오래된 습관이다.

10. 레이저 온도 측정기

 일반 가정에서는 거의 쓸 일이 없는 도구지만, 빈센트는 자주 사용한다. 레이저 측정기로 천장을 비롯해 집 안 구석구석의 온도를 체크한다. 다른 곳에 비해한 공간의 온도가 낮다면 그 공간에 찬 공기가 새는 것은 아닌지 등의 문제를 파악할 수 있다. 레이저 측정기는 집의 유지 보수를 위한 계측기다. 한편으로 문제 해결을 위해 정확한 '소통'의 도구로 사용된다. 집의 한곳에 문제가 생겼을 경우, 작업자와 레이저 포인트로 정확한 위치를 지적하면서 수리 대상을 분명하게 알려준다. 유지 보수에 낭비를 줄이고 효율을 높이는 도구가 된다. 결국 일상의 큰 문제들은 삶의 기본적인 문제를 허투루 대하면서 생기는 셈이다.

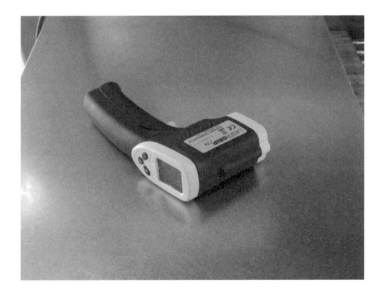

11. 소금·후추 분쇄기 by 쿤 리콘

스위스의 유명 주방 브랜드 쿤 리콘Kuhn Rikon 사 제품. 세상에는 수천 개의 분쇄기가 있다. 그중에서 쿤 리콘 사의 제품을 쓰는 이유가 있다. 일단 재료를 집어넣기 편하다. 재료를 풍부하게 갈 수 있다. 컬러감과 디자인이 좋다. 게다가 투명 창을 통해 무슨 재료가 들었는지 쉽게 파악이 된다. 청소가 쉽다. 이 비싸지 않은 도구 하나가, 인간이 선택하는 쓸모의 A~Z를 경험하게 해준다. 하나 단점이 있다면 분쇄할 때 두 손을 다 사용해야 한다는 것인데, 그쯤 뭐가 대수랴.

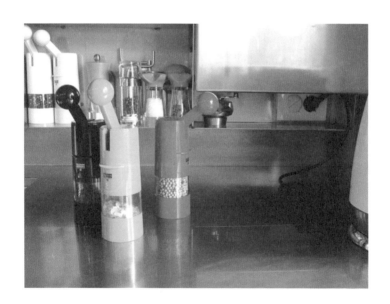

12. 아물레또 조명

빈센트의 물건 고르는 철학과 맞아떨어지는 조명이다. 안전성과 기능성을 갖추었고 미학적으로 아름다운데 가격도 품질 대비 합리적이라는. 이탈리아 디자이너 알렉산드로 멘디니가 '손자의 눈에 좋은 빛'을 생각해서 만든 것으로 유명하다. "기능적으로 훌륭한 조명이 디자인까지 좋은 물건이지. 조도를 조절할 수 있기도 하고. 사용자의 만족을 이끌어내는 조명이야. 놓이는 곳에 따라 다용도로 쓸 수 있고 밝은 컬러 덕분에 집 안에서 회화 작품의 역할을 할 수 있거든. 친구가 집에 왔을 때 대화를 여는 물건으로도 이런 게 좋지. 어이 친구, 헤드를 마음껏 비틀 수 있는 LED야. 이런 건 처음이지?"

13. 진공청소기

빈센트는 알레르기가 있는 체질이다. 어렸을 때부터 청소에 민감했다. 그래서 제대로 만든 진공청소기가 필요하다. 가라앉은 먼지를 제대로 빨아들일 정도의 파워가 있어야 한다. 예를 들어 먼지 바람이 앞쪽에서 나오면 어떻게 하나? 잡는 먼지보다 떠도는 먼지를 더 만드는 셈이다. 그리고 청소 후에는 찌꺼기 처리가 쉬워야 한다. 일상에서 철학 하는 사람이 있다면 빈센트의 말이 그랬다.

"우리 삶도 청소를 잘할 수 있어야 해. 그렇다면 제대로 청소하는 법을 알아야 겠지. 진공청소기만큼 쉬운 인생의 청소 실습이 또 어딨겠어?"

14. 건강한 응가를 위한 대변기

부시맨의 스쿼트 자세란 게 있다. 우리나라로 치면 옛날 푸세식 화장실에서의
자세다. 그 오래된 자세가 건강한 응가의 태도다. 현대에 보급된 서양식 대변기
들이 인류의 그 오래되고 건강한 자세를 사라지게 하고 있다. 빈센트는 오래되고
건강한 인류의 습관에 맞는, 적절한 높이의 대변기를 사용한다. 그런 대변기를
사용하려면 맞춤 제작을 위한 적정 비용이 추가된다. 하지만 건강을 위한 삶의
비용과 비교하면 크게 부담되지 않은 비용이다.

15. 3M 포스트잇

많이 알려졌듯, 포스트잇은 연구자의 실수로 탄생한 제품이다. 한 연구원이 새 접착제를 개발했는데, 쉽게 떨어졌다. 동료가 이 접착제를 책갈피에 활용한 게 세계적인 히트 상품이 됐다. 빈센트는 메모의 힘을 말한다. 쇼핑을 갈 때 구입 목록을 메모한다. 혹시나 메모지를 잊었더라도, 한 번 메모를 한 덕에 구입 목록의 대부분을 기억할 수 있었다. 메모가 뇌의 정보를 활성화하는 탁월한 힘을 갖고 있다는 것을 안다. 또 다른 사람에게 메시지를 쉽게 전달할 수 있고, 비즈니스에서는 상호 간의 중요한 '증거'로 활용 가능하다.

16. 끓이는 에스프레소 커피 머신

이탈리아의 대부분 가정에서 쓰는 커피 머신이다. 자동식 커피 머신이 있지만, 아날로그식 에스프레소 커피 머신으로 만든 맛과는 또 다르다. 빈센트가 쓰는 제품은 인덕션에 적합한 머신이다. 가스보다 전기 인덕션이 열효율과 온도, 청결, 안전성 면에서 낮다는 것은 이미 알려졌다. 무엇보다 끓여서 나온 에스프레소의 맛이 훌륭하다. 아무것도 희석하지 않은 에스프레소는 약알칼리성이라 몸에 약이 된다. 진하고 강하게 먹을 때 좋은 원두의 차이를 알 수 있다. 끓이거나 찌꺼기를 버리는 과정이 조금 번거롭지만, 때로 그 번거로움이 삶을 즐겁게 한다.

17. '낡은' 디지털카메라

디지털카메라는 한때 유행했지만, 휴대폰 카메라 탓에 유물처럼 되고 있다. 십수 년 전에 구입한 18메가 픽셀, 방수 기능이 있는 카메라다. 오랫동안 사용했고, 계속 사용할 예정이다. 추억의 앨범을 모두 이 카메라로 찍었다. 편리성은 모바일에 뒤지겠지만, 하나의 물건을 오래 쓸 수 있다면 그 세월보다 큰 쓸모가 있을까.

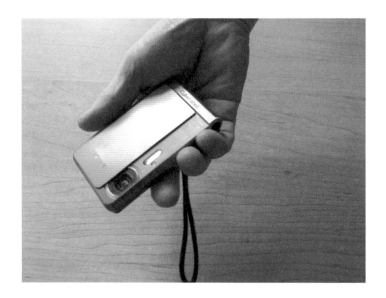

18. 공구 수납장

빈센트 생각으로는, 남자는 두 가지를 다룰 줄 알면 성공한 어른의 인생이다. 하나는 음식, 하나는 내 손에 맞는 공구들이다. 집 안의 대부분 살림은 남자의 손으로 유지 보수가 가능하다. 남자가 게으른 몸이 되면 작은 문제에도 수리공을 불러야 하고 비싼 비용을 지불해야 한다. 빈센트는 어른 허리 높이의 공구 수납장을 갖고 있다. 수납장의 칸마다 제 손에 맞춘 공구들이 정리 정돈되어 있다. 언제나 쉽게 필요한 공구를 찾아 뚝딱 집 안 문제를 해결한다. 공구 수납함에서 물건 고치는 남자와 정리 정돈의 힘을 동시에 발견한다.

19. 가죽 공구 가방

일상에서 자주 쓰는 공구들을 담는 가방이다. DIY 제품이다. 빳빳한 가죽을
한 번에 재단한 뒤, 가방 형태로 말아 붙여 자체 공구 가방을 만들었다. 일이 있
어 외출하는 그의 손에는 늘 이 가방이 들려 있다. 가방 곳곳에 수납공간을 만들
었다. 자주 쓰는 도구들을 수납 위치마다 정리 정돈했다. 빈센트는 이 오래된 가
방 속 도구들을 눈 감고도 찾을 정도가 되었다. 자주 쓰는 물건일수록 늘 제자리
에 두는 일은 쓸모 인류의 오래된 정리 정돈법이다. 누군가 어수선한 삶의 반대
편이다. 그는 이 가방을 '트래블링 오피스Traveling Office, 여행자의 도구 가방'이라
부른다.

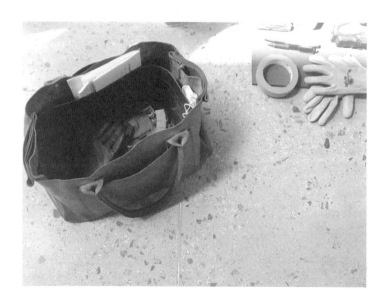

20. 밀레 가전제품

빈센트는 밀레 팬이다. 물건 고르는 데 까다로운 그의 집에 세탁기, 냉장고, 건조기, 오븐 등 눈에 띄는 것들은 밀레 마크를 달고 있다. 기능적이고 안전하고, 모던한 디자인의 밀레 가전제품은 쉽게 싫증나지 않는다. 한 번 사면 오래 쓰는 물건이니 이 부분은 중요하다. "튼튼하고 기능적이고, 디자인도 멋지지. 질리지 않는 멋진 디자인은 쉽지 않아. 내 주변에 밀레를 쓰기 불편하다는 친구들이 있어. 나는 이렇게 묻지. 매뉴얼 읽어봤어? 이 물건이 어떤 녀석인지 알아야 바르게 쓸 수 있다고. 또 밀레가 비싸다고 하기도 해. 부실한 거 사면 중간에 바꾸게 돼. 오래 쓰는 게 오히려 경제적인 거라고.

어른의 쓸모에 관한
세 번째 이야기

꽤 오랫동안 질문하는 법을 잊고 살았다.

질문하는 법을 잊은 어른의 현재는 빈약하다.

뭔가 풍요롭지 않다. 다양한 이야기를 만들기 위해

질문을 잊지 않고 살아가야 한다. 더 건강하게

살기 위해 까칠하게 질문하는 법을 배워야 한다.

불편을 참지 않는다

글을 쓸 일이 있을 때는 동네 카페에 들른다. 카페의 모습은 다양하다. 여러 가지 원두를 자랑하는 2층짜리 아늑한 카페가 있고, 동네 이름을 그대로 딴 북유럽풍의 예쁜 곳이 있다. 내가 단골로 들르는 곳은 넓은 공간을 자랑하는 프랜차이즈 카페다.

조용하고 취향이 담긴 작은 카페에 들러볼까 하다가도, 결국 늘 가는 넓은 카페에 자리를 잡는다. 너무 작고 사적인 곳은 불안하다고 할까. 아메리카노 한 잔을 주문하고 대여섯 시간을 때우기에 사적인 카페는 부담이다. 그래서 사람들 출입이 잦은 곳, 나 하나 있는지 없는지 모르는 공간을 선호한다.

대중적인 공간에서는 자리 잡는 게 중요하다. 사람들 수다가 비교적 덜한 어느 구석 자리가 제격이다. 어차피 나 홀로 족이 찾는 공간이라 자리를 오래 차지해도 주인이 크게 신경 쓰지 않는다.

문제는 나 말고도 이런 자리를 찾는 손님이 있다는 것이다. 늘 즐겨 앉는 자리에 턱하니 다른 손님이 앉는 날엔 별수 없이 카페 중간의 공용 테이블에 자리를 잡게 된다.

마냥 익숙한 곳이 불편해지는 순간이 있다. 노트북 충전기를 꽂는 콘센트를 찾을 때가 그렇다. 콘센트는 공용 테이블 아래 벽면에 붙어 있다. 콘센트 위치는 손이 닿지만, 테이블이 시선을 가린다. 바닥에 대놓고 엎드릴 수 없으니 손대중만으로 꽂는 방향을 알아내야 한다. 충전기를 이리 돌리고 저리 맞춘 뒤에야 겨우 삽입구의 짝을 맞춘다. 이런 일상의 번거로움이라니.

빈센트 집의 콘센트는 특별하다. 사용자를 위한 배려로 충만하다. 주방의 아일랜드 식탁 테이블 아래에 위치한 콘센트를 비롯해 모든 콘센트에는 사용자 표시가 되어 있다. 빨간색 펜으로 칠한 표시라 눈에 잘 띈다. 이 표시가 삽입구의 방향을 알려준다. 빨간 줄 방향에 맞추면 쉽게 삽입구의 짝이 맞는다. 쓰는 사람이 무척 편할 일이다. 사람 사는 편리는 남이 하지 않는 작은 배려에 있다는 걸 깨닫는다.

영화 〈8월의 크리스마스〉에 이런 장면이 있다. 주인공은 동네 작은 사진관을 운영한다. 불치병에 걸린 그는 자신의 생이 얼마 남지 않은 걸 안다. 주인공의 아버지는 비디오 보는 게 사는 낙이다. 그런데 아들이 작동법을 가르쳐주지 않으면 비디오를 틀 줄 모른다.

'자식 떠난 뒤에는 어떡하시려고.' 아들은 조급한 마음에 속이 탄다. 한번은 아버지에게 비디오 작동법을 알려주다 짜증을 내고, 다시 짜증을 낸 자신이 밉다. 삶을 정리하기 전 아들은 비디오 조작법을 메모로 남겼다. 이보다 더 뭉클한 배려가 있을까.

빈센트가 손수 붙인 콘센트 방향을 알리는 표시를 보며 〈8월의 크리스마스〉를 떠올린다. 콘센트의 빨간 줄 역시 남은 자를 위한 배려다.

우리는 누군가를 배려하는 삶을 살고 있을까. 배려를 실천하는 태도를 갖고 살까.

콘센트에 별다른 표시가 없는 우리 집만 봐도 그렇다 할 자신이 없다. 대부분 사람들은 적당한 불편쯤 대수롭지 않아 하며 산다. 아주 불편할 때까지 참고 버틴다. 그러다 임계치를 넘으면 서로 짜증을 내고, 네 탓 내 탓 공방을 하게 된다. 미리 뭔가를 바꾸거나 대처할 생각은 왜 다들 하지 않는 것일까.

나 사는 빌라의 관리인 아저씨 역시 꼼꼼하기가 빈센트 못지않다. 한번은 사람들이 쓰레기 분리수거를 제대로 하지 않아 짜증이 났던 모양이다. 분리수거함 위에 일반 쓰레기·재활용·음식물 쓰레기봉투를 직접 구입해 걸어뒀다. 그 옆에 문구가 하나 쓰여 있다.

"필요한 분은 갖다 쓰세요."

용도에 맞는 봉투들은 따로 있으니 용도에 맞게 분리를 해달라는 절제된 요청이었다. "잘 좀 버리세요", "신고합니다" 같은 윽박지르지 않는 태도에서 다른 배려의 모습을 발견한다. 어느 날, 관리인 아저씨의 부인이 댁의 남편을 두고 한 말이 있었다.

"남편은 나 모른다고 한 번도 짜증 내거나 화를 낸 적이 없어요. 대신 하나하나, 차근차근 설명을 해줬지. 언제나 친절한 사람이야."

친절이나 배려는 타고나는 것일까. 물론 천성이 있겠으나, 그것만은 아닐 것이다. 그들을 보며 살아가는 태도를 생각한다. 배려를 방해하는 말은 조급함이다. 시간에 쫓기고, 마음이 조급한 사람들은 절대 작은 것들을 챙기지 못한다.

"나는 살아온 경험이 많은 사람들, 연륜이 있는 이들이 상품 디자인을 해야 한다고 생각해. 누군가를 보듬으며 잘 살아온 사람이라면 그 삶만큼 남을 배려하는 시선을 갖고 있거든. 그 경험이 일상의 물건에 담기면 얼마나 편리할까. 늙은이들이 사회의 부담이 아니라 큰 자산이 되는 사회가 되면 좋겠어."

이 사회는 흔히 혁신이나 스타트업 같은 단어에서 젊음을 연결한다. 어른들이 설 자리는 그 시선만큼 줄어들었다. 그러나 빈센트의 콘센트를 보면 이 공식도 선입견이다. 삶의 불편함을 바꿀 수 있는 탁월한 기술은 삶의 경험치에 비례한다. 연륜이 기막힌 혁신의 바탕인 셈이다. 콘센트에 방향 표시를 해둘 수 있는 어른이 되면 어떨까. 꽤 디테일하게 나이 듦을 생각한 날이었다.

어른의 성장에 관한 쉬운 설명

언젠가 작은 마당이 있는 50㎡^{15평} 남짓한 작은 주택에 산 적이 있다. 마당의 한편에는 오래된 감나무가 있고, 그 옆으로 작은 화단이 있었다. 여름의 감나무는 무성한 잎으로 그늘을 만들어 사람을 시원하게 해주었다. 가을을 넘어가는 감나무는 귀찮았다. 익어가는 감들이 나무에서 툭툭 떨어졌다. 익은 감이 떨어지면 추락 속도와 높이만큼 마당이 질퍽해졌다. 바로 치우지 않고 며칠을 두면 감 썩는 냄새에 벌레가 끓었다. 마당을 치우는 건 늘 주인의 몫이다. 이게 얼마나 귀찮은 일인가 하면, 떨어진 감 치우다가 가을이 다 가는 기분이 들 정도였다. 혹시 다음번에 마당 딸린 집에 살거든 키 높은 과실나무는 피하리라 생각했다.

작은 화단에는 매실나무와 블루베리 묘목을 사다 심었다. 서울 종로5가의 화초 골목에서 구입한 나무들이다. 매실나무는 성인의 배까지 닿을 만큼의 키였다. 가지들이 옆으로 잘 뻗어 건강한 나무로 보였다. 다음 해 봄, 매실나무는 꽃을 피웠다. 늦여름이면 몇 개라도 작은 매실이 열릴 것을 기대했으나 그해에도 다음 해에도 열매를 맺지 않았다. 사람이나 나무나 열매를 못 맺는 데는 이유가 있을 것이다. 마당의 매실나무가 열매를 못 맺는 이유가 궁금해 인터넷을 뒤적였다.

"매실나무 중에 혼자 열매를 못 맺는 경우가 있다. 이럴 때는 수분수가 필요하다."

수분수는 꽃가루를 주는 나무였다. 자기 꽃가루나 같은 품종의 꽃가루로 수정이 안 되는 나무들은 다른 품종의 꽃가루를 받아야 열매를 기대할 수 있다는 설명이었다. 그때 매실나무를 구입한 판매자를 찾아가 "당장 열매 맺는 나무로 바꿔주죠. 아니면 수분수라도 주든가"라고 따졌어야 했을까. 그러나 게으른 몸은 딱 거기까지만 확인할 뿐이었다. 결국 열매를 맺지 않은 매실을 마당에 두고, 그 집을 떠났다.

뭐든 들이는 것은 잘하는데 관리는 젬병인 사람이 있다. 빈센트는 반대였다. 어느 날 아침 일찍 그의 집에 들르니 대문 밖의 작은 화단을 가꾸고 있다. 화단에는 식물들이 가지런하게 자리를 잡았다. 처음에 능소화를 심었는데, 식물 뿌리가 너무 잘 자라 개미들이 꼬였다. 그래서 능소화 대신 찔레꽃 묘목으로 바꿔 심었다. 화단의 찔레

꽃에는 나무의 성장을 돕는 막대가 세워져 있다. 앞으로 키는 덜 키우고 옆으로 덩치를 키울 생각이란다. 뭔가를 데려와 키우는데 재주가 있는 사람이다.

빈센트는 미국 샌타모니카 오두막집에서도 담벼락에 제라늄을 키웠다. 작은 묘목을 화분에 심으면서 제라늄이 잘 자라 담을 넘기길 바랐다. 제라늄은 주인의 꾸준한 손길을 따라 해마다 자라주었다. 그리고 몇 해가 지날 무렵, 제라늄의 키는 훌쩍 자라 결국 담장을 넘었다. 주변 사람들은 제라늄 덕에 근사한 집이 됐다고 부러워했다. 더 놀란 건, 제라늄의 키를 그만큼 키운 집주인의 정원 일이었다.

"처음부터 잘한 건 아냐. 몇 번은 제대로 키우지 못하고 실패했지. 그런데 난 실망하지 않았어. 왜냐하면 또 시도하면 되는 일이었고, 실수를 통해 많은 걸 배웠으니까. 정원 일에는 졸업이란 게 없어. 매번 배우는 거야. 근본적인 질문을 던지고 그 답을 찾는 시간이 필요해. 그러면서 실력이 늘겠지. 그 덕에 때가 되면 화려한 꽃을 피우고, 풍성한 열매를 맺었어. 그 과정이 있어서 정원 일이 보람인 거야."

빈센트가 화단에 물을 주는 태도는 분주하지 않았다. 느긋하고 여유롭다. 그의 부인이 옆에서 한 마디를 보탰다.

"이 사람은 빨리 하질 않아. 뭘 하든 제대로 관리하는 게 우선인 사람이라 그래. 그러니 뭐든 느릴 수밖에 없어."

가꿔가는 과정이 건네는 풍요를 생각한다. 잠깐 일하던 손을 멈추고 빈센트가 말했다.

"뭘 하느냐보다는 어떻게 하느냐가 중요한 거야. 난 뭔가를 시작할 때 '과연 잘 관리할 수 있을까'라는 질문부터 던져. 관리를 잘한다는 건 제대로 자랄 때까지 최대한 천천히 보살피는 거겠지. 지금 사회와 사람들은 너무 빠른 것만 원해. 빠르다는 건 뭔가 소중하거나 필요한 것들을 놓친다는 거야. 그래서 난 가능한 한 '느린 사회'가 필요하다고 생각해. 결과는 거짓말을 하지 않아. 나중에는 '느린' 게 더 빠르다는 것을 깨닫게 돼."

나의 이전 집 작은 마당에 있을 매실과 블루베리 나무가 떠올랐다. 그들은 잘 살고 있을까. 나 떠나고 그 집에 들어온 다른 주인은 빈센트처럼 느린 사람일까. 그래서 지금쯤 열매를 맺었을까. 정원일의 한 마디가 따끔하게 들리는 아침이었다.

"그러고 보면 자기 인생을 다루는 일이 제라늄을 키우는 일과 다르지 않아. 자기 인생에 관심을 갖지 않고 내버려두면 결국 볼품없는 나무가 되는 거야. 열매를 맺을 일도 없어. 반대로 느리고 천천히, 자기 삶을 지켜보고 관리하면 언젠가는 담장을 훌쩍 넘을 거야."

어른의 성장에 관해 이보다 더 쉬운 설명이 있을까.

아침에 빵을 굽는다

'요리 인류' 빈센트가 가끔씩 굽는 못난이 빵이 있다. 외모를 생각하지 않고 뚝딱 만들어 제멋대로 생긴 빵들이라 '빈센트의 못난이 빵'이란 이름이면 어떨까 싶다. 빈센트가 만드는 못난이 빵에는 그만의 빵 굽는 철학이 또 분명하다.

음식은 기억일까. 내겐 그렇다. 어쩌다 아침에 빈센트의 집에 들르는 날이 그랬다. 아침 빗속에 처음 맛본 못난이 빵과 커피의 궁합이 좋았다. 아몬드 조각을 뿌린 빵은 아침 한 끼로 든든했다. 다음번 아침 그의 집에 들르는 날엔 먼저 못난이 빵이 기억났다.

못난이 빵은 베이킹을 아는 사람들의 정식 용어로는 팝 오버Pop over 부풀어 오른 빵라고 했다. 쓰이는 재료는 단순하다. 밀가루와 우유, 달걀. 이 재료들을 적절한 비율로 섞어 오븐에 넣으면 제각각의 모습으로 부풀어 오른다. 팝 오버란 말에서 짐작하듯, 많이 부풀어 오를 수록 진가를 발휘한다고 했다.

'못난이 빵'을 주제로 글을 쓸 거라고 하자, 빈센트는 "흠, 좋은 주제야. 요리법은 아주 심플해. 뭐든 단순한 게 좋은 거야. 그래야 실수를 하더라도 쉽게 커버할 수 있으니까"라고 했다. 거기, 이런 말을 덧붙였다.

"요리는 쉽게 뚝딱 만들 수 있어야 해. 그래야 우리들의 시간에 더 여유가 생기니까."

못난이 빵은 단순히 빵 만드는 이야기가 아니다. 요리 이야기이면서, 늘 시간에 쫓겨 바쁘다는 우리를 위한 어떤 시간에 관한 이야기이고, 또는 삶의 방식에 대한 무엇이다.

"아침에는 주로 못난이 빵을 드세요?"

"아니, 평소엔 사과 몇 쪽과 커피야. 빵을 구우려면 30분 정도는 일찍 일어나야 하니까 매일의 메뉴는 아냐."

"아주 심플한 아침 식사네요."

"아침 사과는 금이라는 말이 있잖아. 사과는 응가에 도움이 되니까 하루를 시작하는 굿 스타트 메뉴인 거지. 화장실을 못 가면 온종일 불안하잖아. 음식이든 뭐든 하루를 여는 아침은 '굿 스타트'를 염두에 둘 필요가 있어."

본격적인 못난이 빵 요리가 시작됐다. 재료를 준비하는 동안 미리 오븐에 팝 오버 팬을 집어넣고 데운다. 기본 재료는 우유와 달걀, 밀가루. 비율은 2:1:1. 못난이 빵 6개를 만든다고 하면 달걀 3개를 기준으로 비율을 맞춘다.

준비한 그릇에 재료들을 넣고, 소금 적당량을 넣고 설탕은 스푼 3개 정도 넣는다. 섞는 도구를 사용해 가볍게 휘젓는다.

"대부분 베이킹에서는 적당히 젓는 법을 알아야 해. 초보자가 실수하기 쉬운 순간이야. 너무 많이 저어서는 안 되고 가볍게 적당히 저어야 해. 반죽에 적당한 알갱이가 남는 정도. 너무 세밀하고 꼼꼼하게 반죽되면 질긴 고무줄처럼 돼서 빵이 잘 부풀지가 않거든. 그러면 원하는 모양이 나오지 않아."

반죽이 끝났다. 팝 오버 팬을 꺼낸다. 데워진 팬에 1/2 티스푼의 버터를 넣고 골고루 섞이도록 돌려준다. 반죽은 팬 높이의 70% 선에 맞춰 가능한 한 빨리 담는다. 오븐에 팬을 넣고 섭씨 220도에서 10분 정도 굽는다. 이때 풍선처럼 부풀어 오르는 정도를 확인한다. 부푼 정도를 확인하면서 이쑤시개 같은 것으로 빵 안의 공기를 빼낸다. 내부에서 단단하게 잡힌 스팀을 빼내면서 다시 천천히 부풀게 만든다. 잘 부풀어 오르도록 팬 모양은 위로 넓은 형태를 사용한다. 그리고 섭씨 190도에서 30~40분 정도를 더 굽는다.

마지막 굽는 시간 30분 동안에는 요리 뒷정리를 하거나 차 한 잔을 마시는 여유 시간으로 활용한다. 여기까지가 못난이 빵 레시피다.

"어때, 쉽지? 집에서 2~3번만 해보면 누구나 만들 수 있는 빵이야. 요리사다운 경력이 필요하지 않은 빵이랄까. 만들기는 쉽지만 향이 좋고, 맛도 좋아. 빵에 첨가하는 건 자기 맘대로야. 난 보통 슬라이스 아몬드를 올리지만, 취향에 따라 소시지나 베이컨, 말린 블루베리를 올려도 돼."

"못난이 빵을 처음 만든 게 언제예요?"

"10년 정도 됐을까? 아침 식사로 간단하면서 영양이 충분한 게 뭐가 있을까 생각을 했지. 인터넷에 다양한 못난이 빵 레시피가 있어. 못난이 빵의 종류도 다양하고, 다들 자기만의 레시피를 자랑하잖아. 그런데 그 레시피들에 정답은 없어. 어떤 건 따라 하기 힘들고, 어떤 레시피에는 필요한 정보가 빠져 있고. 그래서 난 그 많은 레시피를 대부분 참고했지. 처음부터 지금의 못난이 빵 레시피가 나온 게 아냐. 여러 방법을 시도하면서 시행착오를 거쳤지. 그러다가 지금의 레시피를 알게 된 거야. 내게 맞는 못난이 빵 레시피를 발견한 거지."

'내게 맞는'이란 말이 확 들어왔다. 누구나 요리를 할 수는 있다. 요즘 같은 인터넷 세상에서는 또 누구나 필요한 재료들과 만드는 법을 쉽게 알 수 있다. 하지만 누구나 '내게 맞는' 것들을 알지는 못한다. 누군가의 요리에서 개성과 그만의 맛이 난다면 그 '내게 맞는'의 과정과 시간이 숨어 있기 때문이다.

나만의 못난이 빵을 만든 지 10년째. 빈센트는 여전히 가끔 못난이 빵 레시피를 확인한다고 했다. 시쳇말로 원숭이도 나무에서 떨어질 수 있어서? 반은 맞고 반은 다른 얘기다.

"원래 인간은 너무 잘 안다고 생각할 때 틀릴 수가 있어. 우리가 말하는 과학적 태도란 고정된 기억을 거부하는 것이야. 현대인은 평소 처리할 게 너무 많고 복잡하기 때문에 이미 알던 기억에 오류가 있을 수가 있으니까. 그래서 기본 원칙과 과정을 잊지 않는 게 중요한 거야. 좋은 학교들의 시험 평가들이 그래. 답은 틀렸지만 과정이 맞으면 B학점, 과정은 틀렸는데 답은 맞았을 경우 D학점을 주거든. 오늘 못난이 빵을 만들면서 다시 레시피를 들춰본 건 내 기억의 오류를 체크하기 위한 일이야."

실수해도 괜찮다

지금부터는 우리가 나눴던 요리 너머의 이야기들이다. 즉, 행간行間에 담긴 삶의 레시피에 관한 것들이다. 빈센트라는 어른이 살아가는 방식에는 이런 행간이 많아 더욱 관심이 갔다.

우리가 점점 쓸모가 없어지는 이유를 문득 생각한다. '시간에 쫓겨 정작 중요한 것들을 놓치고 살기 때문이 아닐까'라고. 빈센트를 보면서 우리가 무심코 놔버린 작은 일들에서 삶의 기본과 원칙을 잃어가는 모습이 있음을 깨닫는다. 못난이 빵이 들려준 삶의 중요한 행간은 다음과 같다.

달걀을 깰 때는

보통은 젓가락이나 숟가락으로 달걀을 툭 쳐 깬다. 빈센트는 그렇게 하면 안 된다고 했다. 그는 달걀의 한 부분을 탁자에 지그시 누른 뒤 그 부분의 껍데기를 조심스럽게 눌러 달걀을 꺼냈다. 달걀 표면 에는 살모넬라균 등 잔류 물질이 남아 있을 수 있어 가능하면 껍데 기가 튀지 않는 방식으로 깨야 한다는 것이다. 어떤 때는 만드는 사 람이 아니라 제공 받는 사람을 생각할 때, 다른 방식을 적용할 수 있 는 셈이다.

저울을 쓴다는 것

흔히 손맛이라고 자랑하는데, 빈센트는 손맛을 의심한다. 매번 저 울의 정확한 계측에 의존한다. 주방에 다른 거창한 요리 도구는 몰 라도 계량용 저울은 필수라는 설명. 그래야 정확한 맛을 파악할 수 있고, 변수를 제어할 수 있다는 것. 빈센트는 같은 실수를 저지르는 이유가 실수에 대한 정확한 계량이 없기 때문이라고 말한다. 저울이 들려주는 삶의 방식이다.

늘 '다음'을 생각하는 정리

빈센트는 재료 준비가 끝나자 바로 휘핑기와 그릇들을 치웠다. 정 리 정돈은 '다음'을 편하게 하기 위한 삶의 기술이다. 평소 정리 정 돈이 잘되어 있으면 당신 삶도 지금처럼 복잡하지 않을 것이라고, 주변 정리의 힘을 그의 주방에서 다시 발견하게 된다.

변수를 즐길 것

못난이 빵의 매력은 그 부푼 모양이 제각각이라는 데 있다. 부푸는 크기가 제각각, 부푸는 방향이 제각각. 빈센트의 말을 빌리면 "못난이 빵이야말로 자연 그대로인 거지"였다. 못난 우리의 인생 역시 어디로 부풀지 모른다고, 제멋대로 부푼 못난이 빵이 따뜻한 온기를 머금고 말해주었다.

못난이 빵에 담긴 또 다른 이야기는 실수나 실패를 대하는 자세에 관해서다.

이날 빈센트가 만든 첫 번째 못난이 빵은 원하는 만큼 부풀지 않아 실패였다. 솔직히 처음 나온 빵은 크기도 적당하고 맛도 여전해서, 나는 전혀 실수라고 생각하지 않았다. 남이 아는 실수와 내가 아는 실패를 대하는 차이였다. 빈센트는 "이 정도면 됐다"는 주변의 말들에도 혼자 다시 만든다고 고집을 피웠다.

우리가 처음 구워진 못난이 빵을 먹으며 우리끼리의 이야기를 나누는 사이, 빈센트는 조용히 자기의 두 번째 못난이 빵에 집중했다. 다시 우유와 달걀, 밀가루를 준비하고, 반죽을 하고, 그렇게 실수를 뒤집는 나 홀로의 과정이 진행됐다. 이윽고 빈센트의 표정이 어느 때보다 밝아졌다.

"못난이 빵이 이 정도는 돼야지. 어때? 처음 것보다 2배 정도 더 부풀었잖아. 처음 게 S사이즈라면 지금은 L사이즈는 된 것 같지 않아?"

이런 말을 덧붙였다.

"실수에 너무 주눅 들면 안 돼. 실수는 고마운 일이야. 실수를 고치면서 더 잘하는 사람이 될 수 있거든. 실력만 뒷받침되어 있으면 실수하고 무너져도 언제든 커버할 수 있어. 그걸 잊지 말아야 해."

빈센트에게, 실수에 주눅 든 우리들에게 너무 예쁜 **빵**이 탄생한 순간이었다.

다른 풍경의 아침을 만든다

빈센트를 만나는 날은 대부분 아침 일찍이었다. 그의 집에 가는 길은 기분이 좋았다. 집에 들르면 그는 늘 주방에 자리를 잡고 있다. 마치 셰프처럼 머리에 특이한 모자를 쓸 때가 있었다. 패스트푸드점 주방에서 일하는 사람들이 쓰는 흰색의 나룻배 모양을 가진 요리사 모자다.

집에서 아침을 만들면서 굳이 저런 요리사 모자가 필요할까. 그 아침에 멋을 낼 일은 아니다. 나는 빈센트가 요리사 모자를 챙겨 쓰면서 요리에 대한 정갈한 태도를 갖는다고 생각한다. 다 알 듯, 요리사 모자는 장식용이 아니다. 음식에 머리카락이 빠지는 것을 방지하는 위생의 역할이 크다. 빈센트의 요리사 모자를 통해 정갈함을 꾸준히 유지해온 삶의 오래된 규칙을 엿본다.

언젠가 수해 복구 현장에 들러 놀림감이 된 유명 정치인이 있다. 지나친 의전이 놀림의 대상이었다. 수해 현장에 들른 정치인은 장화 하나 혼자 신지 못했다. 주변에는 의전관들이 북적였고, 그중 한 명이 장화까지 신겨주었다. 장화 하나를 혼자 신지 못하고 남이 신겨주는 게 익숙한 삶이 조롱감이 됐다. 의전용 장화와 요리사 모자. 때로 사람과 삶의 태도를 구분 짓는 데는 그 정도로 충분하다.

요리가 주제인데, 몹쓸 정치인 얘기가 나와 입맛을 잃게 했다면 미안할 일이다. 다시 아침 식사 이야기로. 빈센트는 나룻배 모자를 쓰고 아침이면 빵을 구웠다. 오븐에서 갓 나온 빵은 고소한 아몬드 향과 잘 익힌 반죽 향이 어울렸다. 반죽을 대충 해서인지 구워진 모양은 못났지만, 그 맛은 참 고소했다. '갓 구운 빵은 이렇게 맛있구나' 생각하게 되는 아침이다.

솔직히 나는 아침에 빵보다는 밥을 먹어야 편한 위를 갖고 있다. 그런데 못난이 빵 2~3개를 먹으면 기분이 좋고 배도 편했다. 정갈한 태도를 가진 사람이 골라 만든 홈메이드 빵이라 그럴 것이다. 저런 빵을 매일 딸에게 구워 줄 수 있다면 기꺼이 아침형 인간이 돼도 좋을 일이다. 이런 것을 깨닫는다.

'몸에 익은 오래되고 게으른 습관을 바꾸는 데 거창한 계획이 필요하지는 않다. 이를테면 갓 구운 못난이 빵이 아침을 바꾸는 역할을 할 수 있겠구나.'

대학생 시절, 키가 아주 큰 후배가 있었다. 보통 큰 게 아니라 2m에 가까운 장신이었다. 그 키에 걸맞게 손은 농구공만 했다. 그 친구는 가끔 "형, 나는 나중에 빵집 하고 싶어"라고 말했다. 덩치에 안 어울리게 빵집이라니. 그저 농담이겠거니 했던 기억이 난다.

　그 장신의 친구가 하얀색 앞치마를 두르고 빵집을 하면 어땠을까. 빵집을 찾는 손님의 기억에 특이한 빵집 주방장으로 분명 남았겠지. 손이 두툼하니까 예쁜 빵은 아니지만, 건강하고 넉넉한 빵을 만들었지 싶다. 그 친구는 지금 빵집과는 거리가 먼 일을 하고 있다. 덩치에 어울리는 직업은 얼추 구한 셈인데, 간혹 연락하면 "딴 일을 하고 싶다"며 투덜댈 때가 있다.

　"그럼 지금이라도 빵집을 해봐."

　그런 얘기를 꺼내기엔 그에게도 나에게도 세월이 많이 흘렀다. 누군가에게 잃어버린 뭔가를 하라고 부추겨봐야 삶에 발목 잡힌 사람들은 쉽게 움직이지 못한다. 어른이 된다는 건 한편으로 자기 살아온 삶만큼 쓸데없는 고집이 붙었다는 것. 부쩍 고집이 붙은 나이는 주변의 말을 듣고 움직일 때가 아니다. 속으로만 지켜보는 나이가 된 게 아쉽다.

　그래도 조만간 "형, 이번엔 진짜 나 빵집 할래"라는 말을 듣고 싶긴 하다. "어떻게든 직장에서 버텨야지"라는 오래된 한숨보다는 훨씬 맘에 드는 삶이기 때문이다.

못난이 **빵**을 보면서 문득 생각한다. 마음을 따르기엔 너무 늦은 나이란 게 있을까. 비단 젊음이 연식의 차이일까. 우리들의 마음이 쉽게 움직이던 시절이 있었다. 그 마음을 따라가도 무겁지 않은 몸일 때가 있었다.

빈센트가 굽는 못난이 **빵**에는 아침에 관한 다른 중요한 이야기가 있다. 아침은 누군가에겐 아주 사적인 시간이다. 잠이 덜 깬 시간이고, 이불이 널브러진 시간이다. 옷을 차려입을 시간이 아니다. 아침은 누군가를 편하게 초대할 시간은 아니다. 그래서 흔히 남의 집을 방문하는 시간은 늦은 오후나 저녁이 된다.

빈센트는 아침 9시에 남이 방문해도 '오케이'였다. 어떤 아침은 그의 부인이 거실 옆 오픈형 침실에서 늦잠을 자던 날이 있었다. 집에 들르자, 부인은 "헬로우~ 난 조금 더 잔다"라고 말하더니 부족한 잠을 청했다. 빈센트는 일찍 일어나 접대용 못난이 **빵**을 구웠다. 그 모든 아침 시간이 그들에겐 자연스러웠다.

누군가를 편하게 초대할 수 있는 아침을 만든 건 오래된 습관이 있어 가능했을 것이다. 뒤척이며 늦잠을 청하지 않아도 개운한 몸을 가졌고, 아침에 누가 찾아와도 '굿 스타트'가 가능한 생활. 이른 아침의 손님을 위해 꽤 오랫동안 못난이 **빵**을 뚝딱 만드는 연습을 했을 것이다. 빈센트의 그 오래된 시간들이 주변을 젊고 활기차게 만들어준다.

빈센트의 나이가 되면 저런 '젊은' 아침 시간을 만들 수 있을까.

못난이 빵을 한 입 베어 물다가, 문득 빵집을 차리고 싶다던 그 후배가 떠올랐다. 그의 마음 안에는 여전히 젊은 시절의 꿈이 머물고 있을까.

짐작컨대 후배는 일에 치이고 시간에 쫓겨 꿈을 연습할 시간을 만들지 못했을 것이다. 연습하지 않는 몸은 언제나 지치고 늙어 있다. 그리고 보면 어른은 꿈이 없어 불행한 게 아니다. 일상에 쫓기느라 못난이 빵 하나 구워볼 연습의 시간조차 빼앗겨서 행복하지 않다. 못난이 빵을 깨물며 삶의 변화는 천천히, 꾸준한 연습을 통해 모습을 드러낸다는 것을 깨닫는다.

그 오래된 연습이 다른 풍경의 아침을 만들었다.

실패를 능숙하게 다룬다

　어느 날은 딸에게 요리를 만들어 주기로 했다. 메뉴는 그나마 물 건너온 요리라고 생색낼 수 있는 봉골레 파스타. 선선한 바람이 불어 기분이 좋은 아빠는 딸을 어린이집에서 데리고 오면서 근처 재래시장에 들렀다. 요리에 쓰일 재료를 구입할 참이었다.

　시장에서 바지락을 파는 곳은 두 군데였다. 처음 들른 가게의 바지락은 때깔이 싱싱한데 가격이 조금 비쌌다. 다른 한곳은 저녁 할인을 하는 중이었다. 이전 가게에 비해 선도는 떨어져 보였지만, 가격이 괜찮았다. '어차피 한 끼 만들 재료인데 이 정도면 되겠지' 하는 마음으로 싼 바지락을 구입했다.

　바지락을 소금물에 담가 해감을 했다. 그런데 상황이 좋지 않았다. 물에 담가둔 바지락에서 조금 상한 냄새가 났다. 몇 개 바지락은 힘

없이 속살을 내뱉고 있었다. '이 정도야 뭐 괜찮겠지.' 버리기엔 아까워 그냥 사용했다. 팬에 오일을 두르고 마늘을 볶고, 바지락을 넣었다. 완성된 요리에서도 약간은 상한 듯 퀴퀴한 바다 냄새가 났다.

착한 딸이었다. 아빠의 노고가 가상했던지, 몇 포크 아무 말 없이 입에 넣었다(평소 식사 양보다는 분명 적었다!). 아빠는 직접 만든 요리를 음식물 쓰레기통에 버리기 아까워 내색은 못 하고 꾹꾹 먹었다. 이번에는 영 실패였다. 그러곤 다짐했다. 다음에는 바지락만큼은 가격을 따지지 말고 가장 싱싱한 걸로 고르자고.

어차피 인생은 시행착오의 연속이다. 정작 중요한 얘기는 실패를 대하는 어른의 태도에 관한 것이다. 나야 어쩌다 요리하는 수준이지만, 빈센트는 꽤 다양한 음식을 다룰 줄 안다. 예를 들어 오믈렛이 그렇다.

"오믈렛 하나로도 얼마나 다양한 요리 방식이 있는 줄 알아? 클래식 오믈렛, 프렌치 스타일 등 오믈렛 하나로 배울 게 너무 많아. 오믈렛에 쓰이는 달걀은 말 그대로 슈퍼 푸드야. 난 지금도 오믈렛을 잘 만들기 위해 노력하고 있어."

이상한 일은 요리 잘하는 빈센트의 아내가 가끔 남편이 해주는 요리에 심통이 난다는 것이다. 심통이 나는 이유는, 상한 바지락 따위를 쓰는 나와는 차원이 다르다. 어떤 날 빈센트가 오믈렛 하나를 만들었는데 그게 너무 맛있었다. 그래서 다음 날 같은 오믈렛을 주문했더니 감탄했던 요리와는 다른 오믈렛이 나왔다.

이게 다 빈센트의 호기심과 실험 정신 탓이다. 그는 같은 재료로 같은 요리를 내놓는 걸 싫어한다. 다음번 요리에는 다른 방식의 요리를 실험하는 것을 즐긴다. 요리사의 이런 변덕에 주문한 손님은 일희일비할 따름이다.

"어떤 날은 훌륭한 맛을 내겠지만, 또 어떤 날은 그렇고 그럴 때가 있겠지. 하지만 그 실패 속에서 많은 걸 배울 수 있어. 무슨 일이든 잘하는 게 중요한 게 아니고 꾸준히 해본다는 게 더 중요한 거야. 요리든 뭐든, 질문이 있는 실패가 많다면 그만큼 실력은 늘어날 거야."

다시 실패에 관한 주제로 돌아가자. 누구는 애써 만든 요리가 맛이 없다는 말을 들으면 괜히 짜증이 나서 다시는 요리를 하지 않겠다고 할 것이다. 나 같은 사람은 다음번에는 재료 하나만큼은 제대로 된 걸 고르자며 재기를 생각하는 타입이다. 빈센트 같은 타입은 '이번에는 이게 실패였지만 뭐 어때, 다음번에는 새로운 것을 만들어볼까' 하는 사람이다.

과연 실패 없는 인생이 있을까. 어른이 되면서 완전한 성공이 없다는 것쯤은 알게 되었다. 적당한 성공 뒤에 적당한 실패가 서로 적당히 맞물려 살아간다. 실패 앞에서 어떤 마음을 갖건 그건 사람 마음이다. 그래도 실패를 대할 때 조금 더 너그러운 사회였으면 좋겠다. "실패하면서 더 좋은 요리를 배운다"는 빈센트의 말을 음미한다.

"사람이 잘 살려면 우선 건강해야지. 건강을 위해서는 좋은 요리가 필요한 거야. 난 우리 사회가 어렸을 때부터 요리를 가르치는 운동을 하면 좋겠어. 요리를 하면 과학이나 화학을 배울 수 있어. 게다가 남을 대접하는 방식, 서빙이나 예절을 동시에 배울 수 있잖아. 인생에서 요리를 배우는 것만큼 훌륭한 일이 없을 거야."

어른이 되어서도 실패 하나에 안절부절못하는 모습을 만난다. 초등학교 4학년 때의 내가 있다. 내 인생 첫 실패가 거기 있었다. 당연히 선출될 줄 알았던 회장 선거에서 낙선했다. 어찌나 서럽던지, 조용히 교실 문을 열고 나가 친구들 몰래 눈물을 흘렸던 부끄러운 기억이 있다.

그때 실패에 대한 질문은 전혀 없었다. "내 인생에 절대 실패는 없을 거야." 뭐 그리 당당한 마음을 품고 살았을까. 남들 눈에 비칠 나의 실패가 어찌나 신경 쓰이던지. 지금, 그때 나의 눈물을 위로할 생각은 없다. 제대로 칭찬할 줄 모르고, 실패를 어떻게 다룰지 알지 못하는 어른이 되었다. 앞으로도 더 넘어질 일이 있을 텐데. 우리는 실패 앞에서 너그러운 어른이 될 수 있을까.

쓸모 있는 어른이 된다는 건 다가온 인생의 실패를 능숙하게 다룰 수 있다는 말과 통한다.

익숙한 것의 반대편을 생각한다

다시 못난이 빵 이야기이면서, 이번에는 '못난 사회'를 대하는 우리의 태도에 관한 내용이다.

못난이 빵에는 요리사의 진심이 담겼다. 레시피는 쉽지만, 같은 맛을 낸다는 보장은 없다. 요리하는 사람의 마음 차이다. 빈센트는 재료와 비율 등에서 정직을 추구한다. 못난이 빵 하나로 든든한 한 끼 밥상이 되기를 바란다.

"만드는 사람의 양심이 없으면 레시피부터 거짓말을 하게 돼. 나와 가족이 먹는 음식인데 그럴 수는 없잖아. 내가 만드는 빵의 기준은 1900년대야. 그 시대는 소박하고 영양가 있는 레시피를 지키려고 했거든."

빵의 역사에 대해서는 잘 모르지만, 1900년대의 정직한 **빵**을 생각한다는 빈센트의 레시피는 훌륭했다. 좋은 음식보다 더 훌륭한 건 누군가를 위한 음식을 만든다는 마음이다. 이 특이한 요리사는 누군가를 위한 정직한 음식을 만들자는 생각을 언제부터 한 걸까.

"아마 20년 전쯤부터 시작됐을걸. 어느 날부터 남이 만든 음식을 의심하게 됐어. 이윤이나 딴 데 정신이 팔려 정직하지 않을 수 있겠다는 의심이 들었거든. 그래서 내가 직접 만들자는 시도를 한 거야. 음식은 내 건강을 위해서도 중요했으니까. 요리를 배우려면 많은 시간과 비용이 들잖아. 아무래도 그러기엔 부담이 돼서 요리 책을 보면서 하나씩 독학을 했어. 돌아보면 요리 학원을 안 다닌 게 다행인 것도 같아. 학원에 다녔으면 남이 만든 공식대로 따라 했을 테니까. 내 방식대로 하면서 얻은 게 많아. 간단하면서 소박하고, 정직하면서 건강할 것! 이런 본질적인 질문을 많이 했어. 지금이야 멋있어 보이겠지만, 요리를 만드는 과정은 결코 쉽지 않았어. 요즘 사람들은 너무 쉽게 얻으려고 해서 문제야. 모든 성공한 이야기 뒤에 수없이 흘려야 할 땀방울이 있다는 걸 외면하지. 뭐든 의미 있는 물건이 되려면 그만큼의 충분한 시간이 필요해. 지금의 못난이 **빵** 뒤에도 그만큼의 시간이 필요했겠지."

가장 인상적인 말은 다른 게 아니었다. "의미 있는 무엇이 될 만큼의 충분한 시간." 되도록 짧은 시간에 뭔가를 뚝딱 성취해야 했던 우리는 그 '충분한 시간'을 참고 버틴 적이 있을까.

빈센트는 정직하고 충분한 과정은 그만큼의 결과를 낸다고 말한다. 다시 요리를 대하는 그의 태도를 되새긴다. 첫째, 레시피가 간단할 것. 둘째, 재료가 정직할 것. 셋째, 나만의 스타일이 있을 것. 못났지만 건강한 맛을 품은 못난이 빵을 보며 사회를 돌아본다.

"사람들이 정직한 재료를 찾아야 해. 그럴수록 1차 생산자인 농부들에게도 도움이 되는 거야. 음식은 그걸로 끝나는 게 아니라 여러 관계가 촘촘하게 연결되어 있어. 무엇보다 좋은 음식은 혼자 먹으면 안 돼. 좋아하는 사람들과 함께 먹어야지. 요즘 말로 '공유 경제'라고 할까. 이런 태도가 우리 사회나 인간관계의 본질이 되면 좋겠지."

우리가 먹을 재료를 고르는 일이 정직한 사회망과 관련이 있다는 얘기를 들으면서, 몇 해 전 베스트셀러가 된 책 〈시골 빵집에서 자본론을 굽다〉가 떠올랐다. 저자는 일본의 작은 시골에서 정직한 빵을 굽는 제빵사 와타나베 이타루. "원래 자연의 균은 부패해야 하는데, 자본의 섭리는 부패하지 않는 음식을 탄생시켰다"고 고민하던 저자는 직접 부패한 빵을 만드는 것으로 자본주의의 반대편에 섰다. 책에 이런 내용이 있다.

"돈을 쓰는 방식이 사회를 만든다. 자리가 잡히고 균이 자라면 먹거리는 발효한다. 그와 마찬가지로 소상인과 장인이 크면 경제도 발효할 것이다. 사람과 균과 작물의 생명이 넉넉하게 자라고 잠재 능력이 충분히 발휘되는 경제. 그것이 시골 빵집이 새롭게 구워낸 자본론이다."

못난이 빵 하나로 성숙한 사회 발전을 논하다니 충분히 흥미롭다. 자본주의의 다른 편에서 삶의 균형을 찾는 사람들을 만난다. 빈센트 역시 그만의 방식으로 자본론을 굽고 있다. 자본주의의 단점이 극단으로 떠오를 때 반자본주의의 가치는 상승한다. 하나의 가치에 너무 익숙해져갈 때 다른 편을 찾는 것. 이게 삶의 균형력이 아닐까.
'조용한 혁명'은 가까이 있는데, 애써 우리가 잊고 사는 건 아닐까. 언제나 삶의 혁명은 이 단순한 말에서 출발했다.

"익숙한 것의 반대편을 생각한다."

까칠하게 질문하는 법을 배운다

빈센트 집 근처에 '땅' 혹은 '대지'라는 이름의 스페인 식당이 있다. 흔히 농부는 땅을 어머니의 품이라고 말하니, 거기서 요리사가 품은 마음을 읽는다. 땅에서 나는 재료에 정직하겠다는 마음으로 지은 식당 이름이 아닐까.

어느 날 그 식당에서 저녁을 먹었다. 식당 주방장과 친하면 특별한 대우를 받는다. 정해진 메뉴를 떠나 "오늘은 어떤 요리가 좋지?"를 물을 수 있다. 빈센트가 들르는 동네 식당이 그랬다. 식전 음식으로 간단한 샐러드와 앤초비가 나왔다. 절임 멸치인 앤초비는 매우 짭짤해 식욕을 돋운다.

메인 요리는 이베리코 스테이크였다. '이베리코'는 스페인의 유명한 돼지고기 브랜드다. 도토리 밭에서 방목해 육질이 쫄깃하고 풍미가 좋다고 알려진 친환경 흙 돼지. 이베리코를 두고 '세계 4대 진미', '죽기 전에 맛봐야 할 진미'라고들 한다. 허황된 얘기가 아니라면 꽤 근사한 재료인 셈이다. 이베리코 스테이크는 조금 짭짤했고, 식감은 베이컨처럼 질겼다. 마무리 후식은 주방장 추천으로 나온 라즈베리 스무디였다. 식당을 나서면서 빈센트가 이날의 요리 품평을 했다.

"라즈베리는 별로였어. 실한 열매를 그대로 얼렸으면 그런 향이 안 났을 거야. 향이 자극적인 걸 보면 아마도 인공 향이 첨가됐을 거야."
"전 그냥 달달한 게 괜찮던데요?"
"그건 음식에 대한 비판적인 질문이 없어서 그래. 오늘 라즈베리 스무디를 보면서 나는 '왜 오늘은 이런 향이 나지?', '지난번 먹었을 때와는 다른데' 이런 질문을 했거든. 그런데 대부분 사람들이 자기 먹는 것에 대한 질문이 없어. 남들이 좋다거나, 어떤 곳이 유명하다고 하면 사람들은 주변 평가에 휩쓸리니까. 뭐든 자신만의 판단 기준을 갖고 살아야지."

생각하면 나는 맛에 대한 명확한 판단력이 부족하다. "맛이 별로면 다음엔 안 가면 되지" 하고 마는 식이다. 반대로 어떤 사람은 한 끼 식사에 깐깐하고, 까칠하게 산다. 문득 까칠하게 산다는 것에 대해 생각해봤다.
일단 나쁜 점은, 주변에서 '저 사람 뭐 그리 까칠해'라는 평가를 받을 수 있다. 좋은 점도 분명하다. 먼저 자신의 미식 기준을 높일 수 있다. 무엇보다 다양한 이야깃거리를 만들 수 있다. 어느 유명한 음식점에 들러 단순하게 '맛이 있다' '없다'로 끝나면 이렇다 할 흥미로운 스토리가 없다. 그저 배를 채운 셈이다. 자기가 맛보는 것에 대해 공부를 하고, 그에 맞는 미식의 기준이 있다면 우리는 다양한 이야기를 나눌 수 있다. 풍요롭다는 건 다양한 이야기를 갖는 삶이다.

까칠한 생각이 누군가에게 미칠 긍정적인 영향을 생각한다. 빈센트가 '땅'이라는 이름을 가진 스페인 식당의 요리사에게 "오늘 라즈베리에는 인공 향이 첨가된 것 같던데"라고 직접 전했다면 아마도 예의 바른 그 젊은 요리사는 얼굴이 빨개지며 어쩔 줄 몰라 했겠지. 누군가의 냉정한 평가를 괘씸하게 받아들이는 한심한 타입이 아니라면 다음번엔 실수를 만회하기 위해 노력할 것이다.

한 사람의 까칠한 생각이 다른 누군가를 단단하게 만들 수 있다. 그렇게 보면 '까칠하다', '삐딱하다'는 우리를 건강하게 만드는 말이다. 까칠하지 못해 평균의 삶을 사는 우리에게 빈센트는 이렇게 말한다.

"요즘 사회는 너무 따분해. 사회가 건강하려면 여러 종류의 까칠한 생각들이 나와야지. 다양한 목소리가 있어야 건강한 사회가 되는 거야."

유명한 미슐랭 가이드가 있다. 미식가는 까칠한 사람들이다. 그들의 깐깐한 평가가 미슐랭 가이드를 만들었다. 그들의 까칠한 평가가 없었다면 미슐랭이 이만큼 유명해질 이유가 없다. 우리가 어느 식당의 음식 하나를 굳이 찾아가야 할 이유 또한 없다. 세상에는 까칠한 사람들이 있기에 많은 이야기를 만들어낸다. 특유의 까칠함을 잊는다면 미슐랭 가이드 역시 구시대의 유물로 사라질 테고.

꽤 오랫동안 질문하는 법을 잊고 살았다. 질문하는 법을 잊은 어른의 현재는 빈약하다. 뭔가 풍요롭지 않다. 다양한 이야기를 만들기 위해 질문을 잊지 않고 살아가야 한다. 더 건강하게 살기 위해 까칠하게 질문하는 법을 배워야 한다.

입에 달달한 라즈베리 향이 남았다. 씁쓸한 질문 하나가 떠올랐다.

"아, 어쩌다 질문 없는 인생을 살게 됐을까?"

일상의 호기심을 갖는다

사람을 만날 때마다 어디 괜찮은 장소를 고르는 일만큼 귀찮은 일이 없다. 모임 장소를 고르라거나 괜찮은 메뉴를 추천하라고 하면 나는 머리가 아픈 타입이다. 그래서 언젠가는 만나는 장소를 그냥 한 군데로 정한 적이 있다. 다른 데 찾을 필요 없이 "오늘은 여기서 봐요" 하면 그만이니 맘 편한 일이었다.

나 같은 사람과는 반대로, 동네마다 T.P.O에 맞는 식당을 잘 추천하는 사람이 있다. 사람들과 어울릴 분위기를 알고, 좋은 메뉴를 추천하는 데 능숙한 타입이다. 자신의 단골집이 있고, 적당한 메뉴를 추천하는 사람들을 보면 부럽다.

언어학자 댄 주래프스키의 책 〈음식의 언어〉는 꽤 흥미롭다. 이런 통계학적 분석이 나온다. 각종 화려한 형용사를 동반한 메뉴는 별로

일 확률이 높다. 이를테면 '바삭바삭하고, 육즙이 풍부하고, 포슬포슬하거나 식감이 두툼하다' 같은. 대개는 그저 그런 식당들이 상대방을 설득하는 언어들을 골라 쓴다는 게 그 이유다. 진짜 괜찮은 식당은 굳이 유혹하는 언어들을 고를 필요가 없다. 다른 설명이 필요 없을 때 더 괜찮은 집이란 해석이다.

'설득의 언어'로 바라본 단골집은 이런 해석이 가능하다. '나'는 이미 설득당했고, 당신도 설득당할 곳. "오늘은 여기 한번 가보자"고 하면 그만. 먹고 나면 결국 무언의 설득이 되는 그런 곳. 나이 들수록 몇 군데 단골집은 알아두면 좋을 일이다. 사람을 초대할 장소를 찾느라 고민할 필요가 없고, 이래저래 설명하려 애를 안 써도 되니 나름 낭당할 수 있다.

"빈센트는 왠지 단골집이 많을 거 같은데요?"

"동네에 두세 군데 있긴 해. 그런데 진짜 나의 단골집이 어딘 줄 알아? 바로 우리 집이야."

잠시 고개를 갸웃거리다, 끄덕인다. 주변 사람들이 불편해하지 않고 자주 들르는 곳. 주방엔 요리 좀 만드는 사람이 있어 뚝딱 요리를 차려내는 곳. 굳이 '어디서 만날까'를 고민하지 않아도 되는 곳. 자신이 먹을 요리라 재료에 신경 쓰는 곳. "이 요리는 말이에요~"라고 굳이 현란한 설득이 필요치 않은 곳. 그러니 그의 집이 누군가의 단골집이자 자신의 단골집이란 말이 맞다. 그 단골집엔 중요한 규칙들이 있다.

"첫째, 만드는 재료가 정직해야 돼. 요즘 음식들은 가짜가 많잖아. 재료를 파악할 수 없고, 요리 과정을 볼 수가 없어서 음식을 두고 사기를 치는 경우들이 있으니까. 집에서 하는 요리는 자기가 먹을 거니 정직한 재료를 쓰게 돼. 가능하면 제철 재료를 구입하고, 정직한 사람들이 만든 재료를 찾겠지. 단골집이면 일단 재료가 정직해야 해. 둘째, 요리사가 음식에 대한 다양한 지식을 갖고 있어야 해. 기름기는 적당하고, 맛은 깔끔하고, 짜거나 맵지 않은 음식을 만들려면 그만큼 공부가 되어야 하니까. 또 먹는 사람이 아플 때나 기분이 안 좋을 때가 있잖아. 그 상황에 맞는 음식을 조리할 수 있어야겠지. 나이가 들수록 음식에 대해 잘 아는 게 중요해. 단골집이라면 그런 역할을 해야 하는 거야."

빈센트의 말을 들으면 세상엔 두 부류의 어른이 있다. '음식 호기심'을 가진 어른과 아닌 어른. 단골집을 갖고 있는 사람과 '아무 데서나 먹으면 되지'라는 사람.

"나는 나잇값의 하나가 음식을 아는 것이라고 생각해. 사람들은 집이나 차를 사고 싶어 하지만, 자신이 먹는 음식에 대해서는 잘 모르잖아. 나이 들수록 자신이 먹는 음식에 대해 관심을 가져야지. 더 좋은 건 자신이 먹을 음식을 직접 요리할 수 있어야 한다는 거야. 난 사람들이 직접 요리를 한다면 이 사회가 더 점잖고 튼튼해질 거라고 믿어. 왜냐하면 뭐든 정직하게 만드는 태도를 가질 테니까."

음식을 아는 만큼 빈센트의 장보기는 깐깐했다. 정직한 요리를 하려면 정직한 장보기가 필요하다는 게 그의 태도다.

"난 시장에 가면 '워치 독감시 시스템'이 돼. 재료의 원산지 정보를 꼼꼼하게 체크하고, 상인들에게 필요한 정보를 꼬치꼬치 캐묻거든. 그럴수록 장사 속임수가 사라지겠지. 물건을 파는 사람들이 사려는 사람을 다르게 대하는 거야. 결국은 파는 사람과 사는 사람 모두에게 신뢰가 쌓이는 거래가 될 수 있어."

"요즘 사람들은 요리를 하고 싶어도 시간이 없을걸요. 일에 지쳐 밤늦게 들어오고, 요리하기엔 너무 지친 몸이 됐잖아요."

"아니, 사람들이 필요한 것들을 자꾸 피하려고 해서 그래. 자신이 좋아하는 일이면 그만큼의 시간은 분명 있어!"

예전 다니던 직장 근처에 단골집이 하나 있었다. 가정집을 개조한 식당은 허름했지만 요리사의 음식 솜씨가 남다른 곳이다. 나 말고도 그 손맛에 반한 단골들이 제법 있었다. 주 메뉴와는 별도로, 매 계절 만들어내는 밑반찬이 별미였다. 그 오랜 손맛을 가졌다고 늘 장사가 잘되지는 않았다. 젊은이들이 선호하는 이른바 '핫 플레이스'에 밀리고, 불경기에 치였다. 한동안은 장사가 맘대로 되지 않았다. 어느 날 단골집 사장에게 "요즘 장사가 잘 안 되니 음식 만들 힘이 없겠네요?"라고 물었다가, 정신이 번쩍 드는 대답을 들었다.

"말 같지도 않은 소리를 하네. 내 손맛 보러 오는 손님들이 있는데 장사 안 된다고 음식 만드는 게 힘들까? 그런 마음을 가지면 장사를 못 하지. 힘들어도 나만큼 음식 맛 내는 사람이 없다는 당당함으로 살고 있어. '이번엔 어떤 재료를 구해 뭘 만들까?' 그걸 생각하는 시간이 가장 신나는 거야."

단골집 이야기를 하다 문득 깨닫는다. 괜한 위로 따위는 필요치 않은 사람들이 있다. 그들이 당당한 것은 '처지'를 따지지 않고 살아가기 때문이다. 남을 설득하는 노력에 앞서, 자신을 설득하는 오랜 세월을 보냈다. 나를 향한 담백한 '설득의 언어'가 다른 시간을 만들고 있다.

이제라도 한가로운 말들은 거두고 정직하게 요리 만드는 법을 배워야지 싶다. 그게 음식이든, 인생이라는 요리든.

입맛의 경계를 풀지 않는다

빈센트는 음식에 대한 호기심이 왕성했다. 동네 맛집을 자주 돌아다녔다. 어느 날은 이곳, 어느 날엔 저곳. 메뉴도 스페인 식당에서 프렌치 레스토랑, 치즈 버거 가게까지 매번 달랐다. 대부분 주인장과 친분이 있는데 묘한 건 셰프와 손님 간의 적당한 거리감이었다. 이를테면 다들 단골집 같으면서, 한편으로 날카로운 비평가의 편에 설 때가 그랬다. '경계'를 풀지 않는 고독한 미식가의 모습이라고 할까. 어느 날 우리는 캐주얼한 점심을 먹기로 했다.

"오늘 점심 메뉴는 뭐예요?"

"그냥 동네 가까운 데 가는 거야. 가끔 가서 편하게 먹는 곳이야."

남의 발걸음을 따라 동네 골목길을 제법 걸었다. 도착한 곳은 멀끔한 햄버거 가게였다. 수제 치즈 버거로 제법 유명한 곳이란다. 소위 맛집 블로거들이나 미식을 찾는 이들에게 인기를 끌 만한 공간이다. 음식을 고르는 일에 고정 관념 따윈 필요 없다. 그 나이 대에 익숙한 찌개나 국물 집이 아니라 더 싱싱하다.

"여기 처음이지? 이번에는 그냥 나 먹던 걸로 주문할게."

처음 가는 식당에서는 보통 초대한 사람에게 주문을 맡기는 편이다. 아는 만큼 보인다고, 먹어본 만큼 좋은 메뉴를 고를 테니. 상대방의 주문이 끝나면 메뉴판을 다시 보며 나의 입맛을 생각해본다. 처음일 때는 굳이 내 입맛을 고집하기보다 경험자의 입맛을 따르는 게 현명하다. 혹시 내 입에 맞지 않더라도 그동안 몰랐던 미각을 경험할 수 있기 때문이다.

"하나는 치즈에 그릴드 양파를 넣어서, 하나는 치즈는 뺀 걸로요."

"치즈 버거인데, 치즈를 안 넣으세요?"

"어, 오늘은 저녁에 거한 식사 초대가 있어서, 지금은 칼로리를 줄여두려고."

요즘 말로 마이너스 식단이다. 뭘 먹을 때 더하고 빼는 일은 빈센트의 오래된 습관이었다. 습관은 지속력을 갖고 있어서 치즈 버거를 주문할 때도 잊지 않고 드러났다. '오늘은 세트로 할까, 단품으로 할까'가 고작인 내 입장에서, 몸이 필요한 대로의 선택지가 있는 사람을 보면 놀랍다.

"음료는 뭘로 할 거야?"

"콜라요."

"맥주 안 마셔? 콜라는 애들이나 마시는 거야."

하하하.

"그런 건 애들이나 하는 거야"라는 말은 내가 좋아하는 말이었다. 경험 많은 어른이라면 충분히 누군가를 애 취급할 수 있는 노릇이다. 애 취급을 잘하는 어른이 늘어날 때 그만큼 사회가 활기찰 것도 같다.

빈센트가 고른 맥주를 나눠 마셨다. 홉의 향이 제법 있어 치즈 버거와 잘 어울렸다. 아직 쓸 만한 어른이 못 되어서일까. 그래도 여전히 나는 버거엔 콜라를 고집하는 애들 입맛을 가졌다. 체질과도 관련이 있다. 식사에 반주를 곁들이면 미리 위가 부풀어 소화가 잘 안 되는 체질을 알기 때문이다. 식당을 나서며 그가 말했다.

"오늘은 예전보다 맛이 좀 그러네. 재료에 양념이 과한 거 같아. 속이 개운하지 않고 까끌거리잖아."

"여기가 단골이에요?"

"아니, 지금은 동네 여기저기 둘러보는 거야. 맛에 관한 내 습성은 이 맛 저 맛을 찾아 '실험'을 계속하는 거니까."

언젠가 이탈리아의 낯선 동네를 여행하면서 앤초비 파스타를 시킨 적이 있다. 한 번도 맛보지 못한 메뉴였다. 처음 들른 곳이라 직원에게 물으니 그 메뉴를 사람들이 즐겨 찾는다고 했다. 주문한 앤초비 파스타는 생각보다 진했고, 짜고 비렸다. 그걸 꾸역꾸역 먹었고, 결국 한 접시를 비웠다. 한 입 한 입 넣을 때마다 '아, 이게 앤초비 파스타란 말이지'라며 기억에 집어넣었다. 지금도 그 동네를 떠올리면 그 메뉴가 떠오른다. '꾸역꾸역'의 경험 탓이리라. 음식 주문 면에서는 나도 꽤 실험 정신을 갖고 사는 셈이다.

"근데 위가 까끌하다는 게 뭐예요?"

"예전에는 더 담백한 맛이었거든. 이번 거는 아마도 사람들 입맛을 꼬시려고 양념을 예전보다 더 넣지 않았나 싶어. 첨가물이 적은 음식을 먹으면 위가 편하잖아. 까끌거린다는 건 어떤 첨가물이 들어가서 그럴 거야."

내가 사는 동네에 엄마손 김밥집이 있다. MSG를 첨가하지 않는다고 해서 오래전부터 유명한 곳이다. 가격도 착하다. 오랜 세월 동안 보통의 김밥 한 줄 가격이 1100원이었다. 최근에야 오른 재료 값만큼 값이 조금 올랐다. 이 김밥을 먹으면 소풍날 아침에 엄마가 싸주던 김밥 맛이 났다. 가끔 이곳의 김밥 한 줄을 사 먹는다. 그러고 보니 이 김밥을 먹고 나면 배가 까끌거리지 않았다.

내 인생, 가끔 까끌거리는 걸 보면 불필요한 첨가물을 너무 넣었던가 싶다.

음식에 대한 철학을 갖는다

'잘 먹고 살 사는 법'이 중요한 시대가 되었다. TV를 켜면 무슨 건강식이라든가, 어느 병에 특효가 있는 식재료 등의 건강 정보가 심심찮게 오르내린다. 특히 주부 대상 프로그램에 그런 정보가 많다. 전문가들이 나와 "이 재료는 말이에요~"라고 정보 전달을 시작하면 프로그램에 초대받은 주부들은 다들 눈을 동그랗게 뜨고 손뼉을 치며 메모하는 것을 잊지 않는다. 건강에 관한 얘기를 들으면 '저질 체력'을 자랑하는 나 역시 귀가 솔깃하다가도, 문득 이런 의심을 한다.

'세상의 많은 좋은 재료 중에 저 하나가 과연 만병통치약일까.'

아직 내 몸에 맞는 음식을 알지 못한다. 편식하지 않고, 삼시 세끼 잘 챙겨 먹으면 될 일 아닌가 하면서 게으르다. 우리 집 식탁엔 채소가 오르는 날이 드물다. 그래서 가끔 고지혈 증세인 내 몸을 위해 녹색류의 음식을 좀 더 챙겨야 하는 거 아닐까 하는 생각을 할 때가 있다. 게으른 몸은 식사 준비에 참여하는 일이 드물어 "이런 거 좀 해 먹자"고 큰 소리를 낼 수도 없다.

바야흐로 미식美食의 시대다. 조심스럽게, 다음 단계를 예측한다. '미식美食 너머에 미식Me食, 내 몸에 맞는 개별화된 음식의 시대가 오지 않을까'라고. 내게 맞는 음식을 잃어버린 현대인의 몸은 불균형적이다. 다들 그래서 건강과 관련된 정보에 쉽게 혹하는 것이리라.

빈센트는 먹는 것에 약간 반항적이다. 인간이 건강하지 못하게 된데는 '물질주의'의 영향이 크다고 말한다.

"우리는 음식에서 슬로를 잃어버렸어. 이게 다 물질주의 탓이야. 사람들은 빨리 돈을 벌어야 하잖아. 그래서 느리게 음식을 제공할 생각을 안 해. 식당에 가도 마찬가지잖아. 겉은 서비스를 내세우지만, 속으로는 '빨리 주문하세요. 그래야 빨리 만들어 돈을 버니까' 이런 속셈을 갖고 있잖아. 이런 패스트푸드 사회가 되면서 우리 몸은 더 건강하지 않은 거야."

이렇게 말하는 빈센트는 자기 먹거리에 대한 철학을 갖고 있다.
"뭐랄까, 내 몸에 관해서는 느리고 바보(?) 같은 규칙이 있지. 가능하면 칼로리를 지키려고 해. 밀가루 1g이면 몇 칼로리겠구나, **빵** 한 조각이면 100칼로리 정도겠지, 잡곡은 어느 정도 양일까? 먹기 전에 여러 질문을 던지는 거야. 모르면 영양학에 관한 공부를 좀 해야겠지. 오랜 세월 내 몸을 이해하려고 했어. 가능하면 내 몸 사이즈와 활동량에 맞는 식사를 하려고 했지. 칼로리란 게 서구화된 기준이야. 예를 들어 성인 기준 하루 2000칼로리가 기준이라면 동양적인 체구를 가진 나는 그 절반 정도면 충분하겠지. 인간마다 다른 몸을 갖고 있잖아. 그래서 더욱 내 몸에 맞는 음식을 고르는 '자기 관리'가 필요해. 그러나 현대인은 거기에 시간 투자를 안 하지."

질 먹는 것과 관련한 빈센트의 '자기 관리' 방법이 궁금했다.

"그렇게 까다롭진 않아. 어떤 날엔 빵만으로 식사할 때가 있을 거 아냐. 그러면 슬슬 몸에서 채소나 단백질이 필요하다는 사인이 오겠지. 그때는 부족한 걸 채우는 식사를 하는 거야. 몇 가지 기본적인 규칙이 있어. 먼저 칼로리를 체크하는 건데, 그러기 위해서는 음식에 관해 공부를 좀 해야지. 두 번째로 산성 vs 알칼리성의 균형을 생각해. 일반적으로 산성은 몸에 좋지 않지만, 위에서 음식을 소화 흡수하려면 또 적당한 산성이 필요해. 예를 들어 산성 식품인 고기를 먹을 때는 와인을 함께 해서 균형을 맞추는 식단을 생각할 수 있겠지. 나이 들수록 건강한 몸을 유지하려면 알칼리성을 유지해야 해. 노화라는 게 몸이 산성화하는 거니까, 가능하면 필요한 양의 알칼리를 보충해줘야겠지. 식사를 하면서 레몬이나 신 김치 같은 것을 먹어 알칼리 성분을 잊지 않고 보충하는 거야. 이런 식으로 자기 몸을 스스로 관리하면 늙어서 관절이 약해지거나 피가 탁해지는 것을 예방할 수 있어. 오래 건강하게 살려면 그만큼 자기 몸에 관심을 가져야 해."

몸을 걱정하는 나이가 되었다. 35세가 기점이었다. 이전에는 건강 검진을 받으면 모든 게 정상 범위였다. 35세 이후로는 해마다 정상 범위를 넘어서는 진단이 하나둘 나왔다. 건강 검진표에 '지속적인 의료 관찰 필요'라는 소견이 생겨나고 있다. 20년 넘게 피운 담배는 아직 끊지 못했다. 게으른 데다 결단력까지 없는 몸이다. 이런 나를 보면서 빈센트는 "그렇게 관리하면 10년 뒤 네 몸은 보나마나일 거야"라고 경고한다.

인생이나, 내 한 몸 잘 챙기는 것이나, 뭐든 이리 소홀할까. 내 몸에 대한 무지無知를 허락한 지 오래다. 그날 밤, 배가 출출하다는 이유로 라면 하나를 끓였다. 칼로리 계산은 하지 않았다. 라면을 후루룩 삼키면서 '잘 먹고 잘 살려면 무엇을 바꿔야 하나'를 생각했다.

그러다 또 잠이 들었다.

느리게 배운다

요즘 중년들은 은퇴 후 '삼식이' 소리를 들을까 봐 겁이 난다고들 한다. 삼식이란 밥벌이도 못 하면서 꼬박꼬박 세끼 집 밥을 챙기는 가장들을 말한다. 그나마 '삼식이'가 대우받았던 건 산업 역군이나 고도 성장의 시대였다. 시대는 달라졌다. 지금은 제 손으로 밥 한 끼 못 먹는 수컷의 인생을 인정해주는, 나긋한 사회가 아니다.

〈삼시세끼〉란 프로그램이 있었다. 어느 섬에서 하루 먹을 재료를 구하고, 세끼를 챙기는 게 하루의 모든 일이다. 기막힌 삶의 기술도 아니고, 고작 하루 세끼 챙기는 방송이 왜 그리 인기일까. 멋대로 해석하면 이 방송은 세상 '삼식이 남편'들을 향한 일종의 경고로 읽힌다.

"어디서 인정받지 못하는 수컷들아, 한 끼쯤은 직접 챙겨라. 그게

21세기 생존의 기술이다."

삼식이 남편의 반대편에 근사한 '요리 인류'가 있다. 빈센트는 '요리 인류'의 우수함을 몸소 보여준다. 요리하는 사람의 곁에는 늘 사람들이 모인다. 나이 들면 외로워서 서글프다는데, 빈센트를 보면 사람들이 자주 모여 귀찮을 것만 같다. 조금 오버하면 이런 생각까지 든다. 노년의 '고독사'를 대비하는 가장 좋은 방법이 요리 인류가 되는 일이 아닐까. 뚝딱 요리를 만들고, 그 요리를 맛보려고 기다리는 친구들을 보면 빈센트는 절대 고독사 할 일은 없지 싶다.

그의 요리 경력은 꽤 오래됐다. 언제부터 그렇게 요리를 잘했느냐고 물으면 적당히 얼버무린다. 정식 요리 교육은 받은 바가 없다. 빈센트는 대학 시절 자취 생활을 했다. 어떻게 하면 내 몸에 적정한 영양을 보충할까를 생각했다. 그게 요리 인류의 시작이었다.

요리를 빨리 배우지 않았다. 학원에 다니면서 속성으로 배운 게 아니라, 제 먹을거리를 생각하며 천천히 배웠다. 요리 책이나 인터넷을 뒤지며 메뉴를 정했고, 직접 요리를 하고 여러 번 실수를 했다. 시도와 실수를 거듭하다 보니 꽤 요리사다운 공부가 됐다. 빈센트의 요리하는 과정에는 뭔가를 천천히 배운 사람 특유의 개성과 자신감이 있다.

나도 요리를 천천히 배운 적이 있었다. 직장 생활 10년 차에 한 달 동안의 안식년을 얻었다. 그때 이탈리아에서 머물렀다. 평소 친하던 이탈리아 정통 피자집 사장님이 계셨다. 그분은 매해 연말 연초에 이탈리아에 들렀다. 일 년 동안의 수고에 대한 휴가이자 보상이었다. 이탈리아에서는 다음 일 년 동안 피자집에서 사용할 식자재를 구입했다. 그 일이 끝나면 현지의 친구들을 만났다.

그 친구들 중에 로마에서 레스토랑을 운영하는 셰프가 있었다. 셰프는 덩치가 꽤 컸고 유머러스했다. 이 덩치 큰 셰프의 레스토랑에 며칠 머물렀다. 그 주방에서 이탈리아 요리 몇 가지를 배웠다. 가끔 딸에게 요리해 주는 봉골레 파스타 만드는 법을 거기서 배웠다.

안식년이란 게 그렇다. '이 정도 했으면 네가 가진 쓸모가 바닥났을 테니 일정 기간 쉬면서 다시 쓸모를 채울 시간을 가져라.' 그때 나도 그랬던 것 같다. 뭔가를 배우고 싶었다. 하나라도 배우고 싶어서 파스타 만드는 법을 기록했다. 따지고 보면 공부도 습관이다. 잠시 배운 걸로 만족하고 손을 놓으면 오래 머물지 않는다. 오랜만에 공부하던 기억을 잊을까 봐, 한국에 돌아와서 몇 달은 파스타를 만들어보곤 했다.

돌아보면 천천히 배운 적이 없다. 모든 시험에서 '당일치기'가 가능한 게 이 사회였다. '속성'으로 배워도 성적만 잘 나오면 그만이었다. 어른이 되어 맞이하는 속성의 결과는 참혹하다. 그때의 성적은 끌어올렸지만, 살아가는 성적은 제대로 올린 바가 없다.

이탈리아에서는 파스타 만드는 법을 천천히 배웠다고 생각한다. 천천히 배우는 것은 몸의 기억이다. 시간이 흐르면서 파스타를 계속 만들지 못했다. 그래도 손은 기억했다. 요즘도 필요할 때 봉골레 파스타 하나쯤은 뚝딱 만들어낸다. 느리게 배운 것들이 몸의 오래된 기억으로 남아서.

빈센트의 주방에서 느리게 배우는 즐거움을 끄집어냈다. 나이 들수록 뭔가 하나쯤 천천히 배워두면 좋을 일이다. 우리가 꺼낸 삶의 키워드는 '느린 배움Slowly Learning'에 관한 것이다. "가능한 한 느리게 배워야 비로소 내 것이 된다"는 말이다.

"요즘 사람들은 뭐든 빨리 배우려고 해. 커피를 배울 때도 어떻게 하면 빨리 바리스타 자격증을 딸 수 있는가에만 관심이 많지. 빠른 게 미덕인 사회가 됐지만, 삶의 중요한 것들은 그렇지 않아. 목적이 뚜렷한 사람은 천천히 가는 거야. 느리게 배우는 사람은 결국 좋은 방향으로 갈 확률이 높지."

텅 비어가는 머리와 무기력한 현재. 그 경고 속에서 '느린 배움'을 생각한다. 다시 몸을 가다듬는다. '뭐든 빨리 가르쳐준다', '자격증 따는 데 3개월', '2개월 배우면 고수익 밥벌이 가능'. 이렇게 자랑하는 거리의 간판들을 애써 외면한다.

잠시 멈추고, 느리게 배울 것들의 목록을 생각한다.

지조 있게 배운다

빈센트에게 전화가 왔다. 보통 전화를 하면 1분을 넘지 않았다. 용건은 간단히, 적당한 농담을 한두 마디 덧붙인다. 통화는 늘 그런 식이다.

"오늘 나랑 저녁 먹을래? 집 근처에 내가 좋아하는 식당이 있거든. 오늘은 그냥 편하게, 놀기 위해 만나자." ^{용건}

"모처럼 나의 시간이 생겼거든. 부인은 탄광촌으로 며칠 유배를 보냈어." ^{농담}

"형수님은 어디 갔어요?"

"아, 지방에 있는 친한 동생네에 며칠 놀러 갔어. 부부 관계란 게 같이 있는 시간에는 어쩔 수 없이 서로를 쫓아다니게 되잖아. 그래서 이렇게 며칠 각자의 시간을 갖는 거야."

빈센트는 두고 온 가족을 생각하지 않는 훈련을 마친 모양이다. 모처럼 혼자의 시간이 생기니 즐기고 싶다. 아내가 없으니 어떻게 총각 시절처럼 놀아볼까, 그런 건 아니다. 내 인생 더 쓸모 있게 살아갈 방법은 없을까, 그런 고민의 시간을 갖는다.

"한옥 집의 리모델링이 마무리되면 인디아 고아에 가서 2~3개월 정도 아시탕가 요가를 배우고 싶어."

'아시탕가'라는 낯선 요가 용어가 궁금해 인터넷으로 정보를 찾아본다. 우선 요가에는 전통 요가와 거기서 파생된 다양한 현대 요가의 방식들이 있다. 아시탕가Ashtanga는 현대 요가의 하나인데, 육체적으로 많은 힘을 요구하는 격렬한 요가법이라고 소개되어 있다.

아시탕가 요가의 고향은 인도 마이소르로 알려졌다. 마이소르에는 유명한 요가 스승들이 머물고 있다. 여기서 요가를 배운 교사들은 더 건강하고 힐링 되는 장소를 찾아갔다. 인도의 항구 도시 고아가 그곳이었다. 그렇게 고아는 유명한 요가 스승에게 배운 수제자들이 현지인과 관광객을 대상으로 요가 수행을 하는 유명한 곳이 됐다.

아시탕가를 검색하면 지도자 과정을 따려는 한국 블로거들의 글이 심심찮게 보인다. 빈센트는 매일 요가를 한다. 세끼 밥 먹듯이 한다. 오래된 몸의 습관이라 요가를 건너뛴 날이면 불편하다. 꾸준히 해온 독학 요가는 제법 높은 경지에 올랐다. 마이소르에서 아시탕가 요가를 배우겠다는 것은 석사 학위 소지자가 박사 학위에 도전하는 일과 비슷해 보인다.

"전에 살던 샌타모니카 해변 집에서 5분 거리에 운동 학원이 있었어. 거기 요가 프로그램이 있어서 호기심으로 시작한 게 지금까지 이어진 거야. 운동은 꾸준히 하는 게 중요해. 무슨 일이든 꾸준히 하려면 '마음의 지조'가 필요해."

나도 잠깐 요가를 배워본 적이 있다. 30대 초반의 일이다. 몸이 늘 개운치 않아서 스트레칭이 굳은 몸에 좋다는 말을 듣고 요가 학원에 등록했다. 정작 요가 수업을 들은 건 서너 번 정도였다. 수강생 대부분이 여자인 데다 고양이 자세 등 요상한 포즈가 어색해 흥미를 붙이지 못했다.

'운동의 지조'를 생각한다. 그러고 보면 뭐든 꾸준히 하는 '지조'가 약했다. 귀는 얇아서 구경질은 잘도 했다. 최근엔 친구를 따라 유도를 배웠다. 친구는 고등학생 때까지 운동에 전념하던 유도 유망주였다. 그러나 프로의 험난한 길에서 좌절하고, 지금은 운동과 별개의 삶을 살고 있다. 유도관에 들르면 '유능제강柔能制剛'이란 글귀가 눈에 들어왔다.

"부드러움이 강한 것을 이긴다."

가끔 친구와 유도 대련을 하면서 유능제강을 실감했다. 운동을 그만둔 뒤 덩치가 부풀 대로 커진 친구의 움직임에는 강함이 없었다. 모든 움직임이 부드럽게 이어졌다. 반대로 나는 어떻게 하면 가진 힘으로 상대를 제압할까, 애꿎게 몸을 썼다. 결국 상대의 빗다리나 엎어치기 기술에 제압당하는 것은 나처럼 제 힘만 믿고 나대는 쪽이었다. 유도관 매트에 뒹굴면서 친구의 그 부드러운 몸놀림이 부러웠다. 오랫동안 꾸준히 운동을 해온 지조의 결과를 깨닫는다.

지조가 있는 이는 유연하다. 반면 지조 없이 나이만 먹은 사람은 뻣뻣하고 고집스럽다. 결국 제압당하는 건 그리 강하지도 않은 자기 힘을 과시하는 쪽이다. 운동뿐 아니라 여러 인생이 그렇지 않을까. 빈센트에게도 지조 있는 몸을 가진 사람 특유의 부드러움이 있다.

"다른 운동이 그렇듯, 요가 역시 1%가 지식이라면, 나머지 99%는 꾸준한 연습훈련으로 이뤄지는 거야. 알량한 지식을 갖고 우쭐대는 인간이 많지. 그런데 빨리 배운다는 건 그만큼 삐그덕대기 쉽다는 거야. 뭐든 제대로 하려면 천천히 배워야 해. 빨리 배운 사람들은 조금 안다고 젠체하지만, 반대로 천천히 지조 있게 배운 사람들은 겸손하고 남을 배려할 줄 알지. 뭔가를 꾸준히 지조 있게 해왔다면 그건 자기 몸에 깊은 지식이 쌓인 것과 같은 거야."

빈센트는 오래된 운동의 즐거움을 이렇게 말했다.

"그동안 요가를 밥 먹듯이 꾸준히 해왔어. 늦은 밤 샤워하기 전에 발가벗고 하는 요가는 사람을 꽤 행복하게 하지. 어느 날은 잠을 자다가도 일어나서 요가를 해. 사람 마음은 간사하고 게으르니까, 마음이 바뀌기 전에 습관처럼 운동을 하는 거야. 그렇게 해왔으니까 지금은 다른 사람들을 가르칠 수준은 되지. 아내와 친구들을 모아 요가를 가르치면 어떨까? 물론 내가 훌륭한 요가 스승은 아니겠지만, 가르친다는 뜻은 알지. 선생이라는 게 제자를 잘 꼬셔서 뭔가를 하고 싶게 하고, 더 해볼 수 있게 '리딩'하는 역할 아냐. 기술적인 면은 부족할 수 있겠지만 꼬시는 역할은 할 수 있을 거야. 주변 사람들에게 내가 배운 것들을 소개하고, 그다음엔 스스로 밥 먹듯이 꾸준히 하도록 유혹하는 거지."

빈센트에게 인디아 고아의 마이소르에서 아시탕가를 배우는 일은 나를 위한 시간이자 남을 위한 시간이다.

"일단은 나를 위해 훌쩍 떠나는 시간을 갖는 거야. 나이 들수록 일부러 이런 시간을 만들 필요가 있어. 요즘 말로 자기 관리랄까. 지금 요가의 고향에서 아시탕가를 배운다는 건 지금까지 내가 해온 훈련을 더 단순하게, 더 멋있게 다듬는 시간이 되겠지. 앞으로는 나를 위해 배운 요가를 남과 연결하는 계기가 될 거야. 마이소르에서 요가를 한 번 정리하고 나면 그 배움을 주변과 더 넓게 공유할 수 있겠지. 배운다는 것과 배운 바를 나누는 일은 인간의 훌륭한 본능이라고 생각해. 그래서 나는 가능하면 남들이 포기하는 것들을 오랫동안 밥 먹듯이 지조 있게 배우려고 노력했지. 일단은 자신을 위해 꾸준히 배워두는 거야. 그리고 하나를 배우면 최대한 제대로 실력을 갖추려고 노력해야지. 그래야 나중에 주변 사람들과 나눌 수 있으니까."

어쩌다 배운 잔기술 같은 것들로는 자신은 물론이고 주변을 행복하게 할 수 없다. 문득 '어른이 배워야 할 것들은 무엇일까'를 생각한다. 우선 밥 먹듯이 꾸준히 배운 지식이어야 한다. 또 배울수록 그 끝을 알 수 없어 겸손하게 만드는 어떤 것이고, 배운 바를 주변 사람들과 나눌 수 있어야 한다. 오랫동안 배워 몸에 쌓인 무엇이야말로 '연륜'이란 단어에 어울리는 지식이다.

요즘 유행하는 얄팍한 지식들이 아니라 '쓸모'에 대해 진지하게 생각한 날이었다. 어른이 마땅히 지녀야 할 배움의 태도는 달라야 한다.

어른이 된다는 건 한편으로 '지조 없음'의 비루함을 깨닫는 일이다.

불안 앞에서 징징대지 않는다

요새 건망증이 늘고 있다. 차 키를 주머니에 넣은 채로 키가 어디 갔는지 찾거나, 방금 휴대폰을 사용하고는 어디에 뒀는지 몰라 진땀을 뺀다. 뭔가를 찾으려고 방에 들렀다가 '내가 왜 여기 있지?'라며 머뭇거린다.

3040 젊은 치매 환자가 늘었다는 뉴스를 본다. 금방 있었던 일을 잊는 것, 대화 중 적절한 단어가 생각나지 않는 단어 장애, 어린아이처럼 감정 조절을 못하는 것 등이 젊은 치매의 증상들이다. 가끔은 나도 그래서 걱정이지만, 나만 그런 게 아니어서 다행이다.

치매와 건망증을 구분하는 방식은 다르다고 한다. 치매가 뇌의 손상이면, 건망증은 뇌가 스트레스를 받거나 생각할 게 많아서 기억 용량을 초과할 때 일시적으로 발생한다. 뇌의 과부하를 막기 위해 가끔씩 깜빡깜빡하는 일은 뇌에게 쉼Off의 기능을 제공한다.

그래도 생각이 안 날 때는 뭔가 중요한 걸 잃어버린 것 같아 멍하다. 기억을 되찾아봐야 정작 중요한 일은 없는데 우리 뇌는 사소한 것들로 분주하다.

어느 날 우리는 인간이 잃어버린 단어들에 대한 얘기를 나눴다. 사랑Love, 열정Passion, 희망Hope과 같은 단어들. 빈센트는 더 이상 아무도 쉽게 꺼내지 않는 그 단어들을 끄집어냈다.

"어느 시대에나 인간의 마음을 홀리는 말들이 있지. 그런데 지금은 그런 단어들을 꺼내는 사람들이 드물어. 다들 딴 데 정신을 낭비해서 그런 게 아닐까? 그러나 인간은 어느 때고 저 단어들을 기억해야 해. 우리의 선택이 틀리더라도 그 단어들에 기대어야 할 때가 있는 거야."

지금 시대의 청춘들을 '삼포 세대'라고 부른다. 일자리는 없고, 집값은 오르고, 빌린 학자금을 갚아야 한다. 과도한 삶의 비용은 연애와 결혼, 출산을 포기하게 만든다. 청춘의 인생 비용이 그러할 때, 어른의 삶의 비용 역시 다르지 않다.

우울증 사회다. 다들 우울해서 그럴까. 요즘 친구들을 만나면 인간의 마음을 홀리는 얘기를 나눈 적이 없다. 인간에 대한 근본적인 질문이 사치인 시대가 되었다. 그래서 혼자 있는 시간에 감동을 받으려 애를 쓴다. 소파에 기대어 페이스북을 검색한다. 남이 올리는 얘기들이 제법 흥미를 끈다. 사람들은 남의 이야기에 '좋아요'를 누른다. 일상의 감동이 사라진 시대, 그 '좋아요'에서 애써 감동받으려는 노력을 본다.

사람들이 자주 공유하는 미국 드라마 〈뉴스룸〉의 한 장면이 있다. 강연자로 참석한 〈뉴스룸〉의 앵커에게 한 여대생이 질문 하나를 한다.

"미국이 위대한 이유를 짧게 설명해주시겠어요?"

앵커는 잠시 망설인다. 이 형편없는 시대에 '위대한' 이유라니. 그리고 나온 어른의 대답에 장내가 숙연해진다.

"지금 이 나라가 위대하다는 이유는 없다. 어디에서 그걸 찾으란 말인가. 물론 이 사회가 인정받을 때가 있었다. 그것은 인류가 '희망'에 관한 질문을 할 때였다."

드라마 속 앵커의 나이는 오십 줄쯤 됐을까. 어른이 간직한 단어를 꺼내기까지 침묵의 시간이 필요했다. 자칫하다가는 진지하게 꺼낸 그 말이 '꼰대'의 말이 될 수 있으니까. 이 장면을 보다가 우리가 잃어가는 '어른의 말'을 생각했다.

이야기가 진지해졌다. 분위기를 바꿀 겸 아재 개그나 해볼까. 빈센트가 불쑥 '호프Hope'란 단어를 꺼내서 "어느 동네 호프집을 얘기하는 거죠?"라고 되물을 뻔한 걸 참았다.

"우리 또래들에게 '희망'이라는 단어는 정말 사라져가는 말이 됐어요."

빈센트는 '희망'이 사라져가는 이유가 '밥줄' 탓이라고 했다. 제

밥줄은 놓을 수 없으니까, 누군가의 생계를 책임져야 하니까, 그 밥줄에 인생이 걸려 근사한 '희망' 하나 좇지 못하고 산다는 것이다.

맞는 말이다. 나와 나의 친구들에게서 그 밥줄의 고단함을 본다. 어렸을 때는 다들 다른 꿈을 꾸었다. 야구에 미쳐 야구 비즈니스를 하겠다던 친구는 주말이면 프로야구를 보는 게 인생의 낙인 직장인이 됐다. 밥벌이 스트레스를 풀기 위해 바다낚시에 빠졌던 친구는 술을 마신 날이면 하소연했다. "나이 사십이 되면 직장 때려치우고 좋아하는 바닷가에서 낚시점을 운영할 거다."

변한 건 없다. 뭔가를 해보겠다던 친구들이 '그놈의 밥줄' 앞에서 어떻게 하면 안 잘리고 버틸까 주저하고 있다. 우리는 어쩌다 좋아하는 일들을 멀리하는 삶을 맞이한 걸까. 빈센트가 아픈 구석을 콕 찔렀다.

"너도 밥줄이 걱정이지? 그럼 너도 이미 진 거야. 그런데 '희망 Hope'이 있는 사람은 버티고 기다릴 수 있어. 밥을 못 먹고 굶어 죽을 것 같지만 가능성이 있기에 싸우는 거야. 그 싸움의 기간이 얼마나 길지는 알 수 없지. 보통 사람들은 뜨악한 환경이 되면 '앗 뜨거워' 하고 지레 포기하거나 피하잖아. 그런데 희망을 품은 자는 그 뜨거움을 버틸 수가 있어. 그래서 희망이라는 단어가 무서운 거야. 사람들이 현실에 지지 않고 싸울 힘을 주니까. 우리에겐 삶에 여유가 있을까? 어떤 상황에서도 희망이 있다고 생각하는 것, 그게 바로 진짜 삶의 여유야. 사람들이 하는 가장 쓸모없는 착각이 뭔 줄 알아? 희망이 바로 옆에 있는데, 그게 없다고 생각하는 삶이야."

"그럼 빈센트는 밥줄에 연연한 적이 없었어요?"

"물론 걱정을 안 할 수는 없었지. 하지만 그 밥줄의 불안이 파고들 때 나는 스스로에게 물었어. '너, 그렇다고 비겁하게 살 거야? 그만한 인생 버틸 자신이 없어?' 이렇게 말야. 난 밥줄을 핑곗거리 삼고 싶지 않았어. 무엇보다 불안 앞에서 징징대지 않았어. 내가 그만한 돈이 없다면 그만큼 소박하게 살면 되니까. 어느 때는 나의 가치를 높이는 쪽을 생각했지. 돈이 없어 걱정일 때는 내 쓸모의 미래 가치와 사업 아이디어를 갖고 나를 아는 친구들에게 투자를 받은 적도 있어. 밥줄에 연연하는 것과 징징대지 않는 차이는 그런 거야."

뜨끔한 이야기였다. 나이 들수록 내 삶에는 희망이 드물다. 대신 밥벌이와 육아, 더불어 여러 처리해야 할 일이 산더미처럼 쌓였다. 이게 다 소중한 단어를 제 발로 차버린, 어리석은 선택 탓일까.

집에 돌아오니 딸이 아빠를 반기며 해맑게 웃는다. 우리는 좋은 단어들을 잃어버린 세대가 됐지만, 딸에게는 좋은 단어를 자꾸 들려줘야겠다는 생각을 한다. 쓸모 있는 어른이 된다는 건 모든 사라져가는 좋은 인간의 말들을 기억해서 들려주는 일이지 싶다.

"걱정하지 마, 넌 언제나 네 인생의 '호프'야."

어른의 쓸모에 관한
네 번째 이야기

"괜찮아. 아직 40대잖아. 다급할 필요는 없어.
충분한 가능성을 가진 나이니까."
내 게으른 삶에 대한 다그침과 근사한 위로를
동시에 해내다니 빈센트는 타고난 '버틀러'였다.
괜히 주눅 들어 살다 보니 잊고 살았다. 40대가 보기엔
20대가, 예순이 보기엔 40대가 그런 나이였다.
뭘 해도 충분히 가능한 나이.

이제는 다른 질문을 던질 때

새 직장에 다니며 낯선 일에 마음이 적응하느라 분주한 어느 날, 친구가 말했다.

"우리 인생도 참. 누군가 우리를 잘 이끌어줬으면 지금보다 덜 고생하고, 훨씬 잘 살 수 있었을 텐데 말야."

그 말에 반은 동의하고, 반은 동의하기 힘들다. 주변을 둘러봐도 '잘 산다'는 말에 적합한 삶을 사는 친구들이 드물다. 요즘 같은 기운 없는 세상에서는 "잘 살고 있냐?"는 흔한 안부를 묻기 겁이 난다.

오랜만에 만난 친구는 20년 넘게 피우던 궐련을 접고, '전담생활^{전자 담배 생활}'을 시작했다. 얼굴에 혈기가 돌아왔다며 만족해하는 친구의 얼굴을 슬쩍 쳐다본다. 글쎄, 여전히 친구의 낯빛은 삶의 고민으로 어두워 보인다. 사라진 혈기를 되찾는 데 물질이 미치는 영향쯤은 미미하다는 것을 다시 깨닫는다. 다들 흔들리며 살고 있다.

"별일 없지?"라고 물었을 때 돌아오는 평균적인 답들이 있다. "그냥 사는 거지, 뭐." 대기업 이름표를 달고 간당간당 붙어 있는 친구나, 소위 잘나가는 전문 직종의 친구나 "그냥 사는 거지"라고 했다.

찬 바람이 불던 어느 늦은 밤이었다. 친구들과 모임을 마친 뒤, 친구의 차를 빌려 타고 귀가하며 '일과 행복'에 관한 이야기를 나눴다. 차 안에서 어쩌다 그런 주제가 나왔는지 모르겠다. 먼저 말문을 연 것은 늘 고민이 많은 쪽이다. 삶의 어느 때, 마음 안에 파고든 질문이 많은 그때.

"요즘은 업業에 대한 질문을 자주 해. 이전까지는 주어진 대로 직업을 가졌던 것 같아서, 앞으로는 '내가 행복한 업을 가져야 되지 않을까?'라는. 넌 행복하게 일하는 것 같니?"

친구는 사회적으로 인정받는 전문직이었다. 앞으로도 밥벌이 걱정 없이 살아갈 처지였다. 잠시 그가 머뭇거렸다.

"나도 그렇게 행복하진 않아."

차 안이 조용해졌다. 나와 너, 어쩌면 우리의 같은 고민이 있고, 거기 답을 찾지 못하고 있다. '어쩌다 어른'이 된 우리들의 침묵이 길어지고 있다.

환경 문제를 다룬 레이첼 카슨의 유명한 책 〈침묵의 봄〉에 이런 대목이 나온다.

"숲속에서 재잘거리던 새들의 노래가 더 이상 들리지 않았다."

엉뚱하게도, 이 문장이 '멈춤' 사인을 받은 우리들의 이야기와 닮았다는 생각을 할 때가 있다. '숲과 새, 두 단어만 바꿔치기 하면 영락없는 우리 신세 아닌가'라고.

"사회에서 재잘거리던 어른들의 노래가 더 이상 들리지 않았다."

침묵의 봄이었다. 우리들의 침묵이 환경 문제에서 비롯된 건 아닐 텐데, 그렇다면 어디서 그 이유를 찾아야 될까. 다행이라면 아직은 내 안의 증상에 대해 나름의 진단을 내릴 수 있다는 것이다. 깊이 뿌리를 내리지 못하고 흔들리며 사는 중간치의 삶, 어디서든 잘 쓰여야 할 몸이 쓰일 데가 드물어지면서 생기는 증상이었다. 인간의 쓸모에 대해 한 번도 진지하게 생각하지 않은 세대가 필연적으로 마주하는 운명 같은 증세. 지금 시대, 우리들의 침묵 혹은 생기 없어짐을 두고 임의로 내린 진단명은 이렇다.

진단명 : 생각보다 일찍 쓸모없어짐에 관한 우울
증상 : 일상 무기력과 과묵 증세
처방전 : 스스로 쓸모를 찾는 여정

조금 아는 과학적 상식을 바탕으로 할 때 세상의 모든 일이 '문득' 생기는 바가 없고, 세상의 어떤 병이 '문득' 발병하진 않는다. 마음이 어지러운 날에는 그 원인을 찾아 오래된 나를 돌아볼 때가 있다.

돌아보면 잘 산다는 것과 인간으로서의 쓸모에 대해 한 번도 진지하게 고민한 적이 없다. 진로 고민이란 걸 처음 했던 고3 시절로 돌아가본다. 마지막 학력고사 세대였다. '사당오락하루 네 시간 자면 합격하고, 그 이상 자면 떨어진다'이란 말이 유행하던 때였다. 시험을 치르고 받은 성적이 맘에 들지 않을 때면 '오락'의 위협적인 경고음이 울려댔다.

그 시절, 처음으로 '시간'에 쫓기는 나를 만났다. 내가 만든 시간이 아니라 사회가 내민 시간표가 압박했다. 그 압박 속에서 성적을 올리느라 잠은 줄였지만, 정작 나의 쓸모를 찾느라 불면의 밤을 보낸 적이 없다. 그때는 알지 못했다. 시간은 늘 충분한 것 같았다.

뭘 하든 시간이 충분해서 나를 기다려주던 시절이 있었다. 그러다 나이 들어 깨닫는다. '내 인생, 뭐가 잘못됐지?' 생각이 들어 마주하는 시간은 늘 야박하다. 어린 나를 기다려주던 따뜻한 시간이 있다면, 쓸모없는 어른이 되어 만나는 차가운 시간이 있다.

이제 인생이라는 시험을 치른다. 전반전을 마친 몸은 이미 지쳤고, 답을 찾기엔 너무 게으른 몸이 되었다. '여기서 실패하면 어떡하나', 겁도 늘었다. 그때는 몰랐고 지금은 아는, 시간에 쫓기는 어른의 이야기가 있다. 우리는 늘 시간에 쫓기는 세대였다. 남이 만들어둔 시간에 쫓겨 정작 내 인생의 쓸모를 만들지 못했다. 내 불안한 삶에 질문을 던지고, 이유를 묻고, 해결하는 과정을 거치지 못했다.

대학은 성적에 맞춰 가면 될 일이었다. 전공이 고민이었다. 귀는 얇았고, 줏대는 없었다. '나의 쓸모'를 깊이 생각해보지 않았다. 남들 좋아하는 것에, 그때의 유행에 나를 맡겼다. 진로 결정은 몇 분 만에 끝이 났다. 당시 유행하던 전공을 선택했다. 나쁠 게 없는 날이었다. 그러다 30대를 지나고, 제법 사회 물을 먹은 우리들 사이에서 이런 낙담이 오가곤 했다.

"야, 우리가 그때 전공이 확실한 곳을 가야 했어. 아니면 밥줄이 분명한 전공을 선택하든가."

지나간 선택에 후회를 하는 날이 늘어간다는 것. 이게 '흔들리는 어른'이 되었다는 불길한 징조다. 그때 담임이 따끔하게 이런 진로 상담을 해주었다면 내 삶은 달라졌을까.

'지금 인기 있는 것에 끌리지 말고 쓸모 있는 쪽을 선택하는 건 어떨까?'

뭉뚱그려 '쓸모'란 단어를 골랐는데, 여기서의 '쓸모'란 스스로의 가능성이 오래 빛을 발하는 어떤 것을 말한다. 내 식대로의 설명이 그렇다. 그렇다고 잘나가는 어른이 됐을 거란 보장은 어디에도 없다. 하지만 이렇게 쓸모 없이 쓸려 가는 인생인 줄 모르고 살진 않았을 텐데. 모험이나 도전, 그런 매력적인 단어를 적용하지 못한 인간이 마주하는 결론은 늘 싱거운 쪽이 아니던가. 그렇게 지나온 삶을 후회하는 날이 늘었다.

우리는 한편으로 풍요의 시대를 살았다. 드라마 〈응답하라〉 시리즈가 말해주듯, 넉넉한 인심과 감성이 녹아 있던 시절이었다. 서태지와 아이들을 비롯한 X세대 노래들이 거리에 흘러 넘쳤다. 그 노래에 취해 록카페에서 몸을 흔들곤 했다. MTV에서는 감각적인 뮤직비디오가 청춘을 홀렸다.

군대 시절, 가끔씩 MTV를 보면서 지루하고 지친 시간을 달래곤 했다. 제대한 것은 1997년이었다. 당시 IMF가 터져 내 윗세대 선배들이 직격탄을 맞았다. 다시 돌아온 대학 생활에서도 팍팍함이나 조급함은 없었다. IMF는 몇 년 뒤 회복됐고, 취업 시즌에는 어렵지 않게 적당한 일자리를 구할 수 있었다. 요즘의 청년 실업이나 '삼포 세대'라는 말을 들으면 얼마나 다행인 세대였든지. 살벌한 밥벌이의 현실에 주눅 들지 않고, 그나마 캠퍼스의 낭만을 좇았다.

그러나 늘 그렇듯, 풍요 역시 영원하지 않다. 아버지 세대가 일군 풍요의 단물을 빼 먹다, 어느 날 경고장이 날아 들었다. 풍요 덕에 점잖던 사회는 순식간에 단물이 빠지더니 속도와 경쟁 체제가 되었다. 경기 침체가 시작되면서 사회의 민낯이 속속 드러났다. 넉넉하고 인심 좋던 어른들은 조급하고 볼썽사나운 모습이 되어 사람들을 다그쳤다. 풍요의 반대편에 강박이 있다. 그동안 이룬 것을 잃을까봐, 그래서 가난해질까 봐 두려움에 쫓기는 어른들이 속속 모습을 드러냈다.

우리는 어쩌면 '낀 세대'였다. '병든' 어른들과 '아프니까 청춘'이

된 세대 사이에서, 말은 못 하고 끙끙대는 우리들이 있다. 사회의 추진력 있는 주인공이 되어보지 못했고, 주인공이 되기엔 삶의 적당한 무기를 갖지 못했다. 앞 세대가 남긴 풍요의 단물에 취해 '나의 쓸모'를 외면한 세대가 맞이하는, 어쩌면 당연한 운명이랄까.

영화 〈국제시장〉에서 아버지 덕수가 이런 말을 한다.

"내는 그래 생각한다. 힘든 세월에 태어나가 이 힘든 세상 풍파를 우리 자식이 아니라 우리가 겪은 기 참 다행이라꼬."

솔직히 저 아버지의 말이 부담스럽다. 저런 막중한 책임감이라니. 내 인생 하나 챙기기도 벅찰 따름이다. '어쩌다 어른'이 되다 보니 막막하기 이를 데 없다. 요즘 세대의 키워드라는 욜로^{YOLO : You Only Live Once 한 번 사는 인생이니 자신의 행복을 중시하고 살아라} 앞에서는 괜히 주눅이 든다. '각자도생^{각박한 세상, 스스로 살 궁리를 찾으라}'이란 말에는 괜히 울컥하고, 욜로~ 욜로~ 하기엔 준비가 안 된 신세라니.

요즘 말로 아재에 속하다 보니 지나온 삶의 후회를 이리도 주저리주저리 하소연하고 있다. 똑똑한 독자라면 슬슬 눈치챘을 것이다. 한 인간의 주저리 주저리를 통해 늦지 않게 당신 인생의 파이팅을 찾으라는 얘기라는 것을. '낀 세대'가 된 우리들에게 다음 삶의 기대와 질문은 잊지 않고 찾아왔다.

"도대체 쓸모 있는 어른이 된다는 건 무엇일까?"

잘 살기 위한 어른의 습관

요즘은 분명한 계획 속에 사는 사람들이 눈에 띄는 시대다. 뭉뚱 거리며 사는 삶이 답답할 때가 있다. 분명하지 않은 삶은 게으른 몸을 만든다. 특별히 하고 싶은 일이 없으니 아침에 일찍 일어나는 게 귀찮다. 쉬는 날엔 소파에 누워 멍하니 뒤척인다. 쓸데없이 생각만 많다. 뭐 하나 뚝딱 해내는 바가 없다.

어른의 자소서^{자기소개서}에 뭘 담을까를 생각할 때가 있다. 머리가 지끈거린다. 시간을 쪼개 삶의 목표를 달성하거나, 육아라도 뚝딱뚝 딱 분담하는 인간에 비하면 얼마나 초라한 인생인지. 조직이라는 명 함을 빼면 내 손으로 뭔가를 뚝딱 만들어낸 적이 있던가. 자소서에 담을 근사한 '어른용 스펙'이 하나라도 있던가.

어쩌다 사주란 걸 보면 공통적으로 듣는 답이 있다.

"평생 큰돈을 벌지는 못할 거다, 개인 사업은 글렀다, 명예로운 공직 운이 있었으나 어딘가에서 막혔다, 그래도 밥은 먹고산다."

이걸 다행이라고 해야 할지, 답답한 인생으로 봐야 할지. 이런 말을 들을 때마다 그 얘기의 반대편을 생각한다. 이런 식이다. 큰돈을 못 번다 = 그렇다면 꾸준히 작은 돈을 벌자, 사업은 글렀다 = 월급쟁이만큼 버는 장사는 괜찮겠지, 고위 공직자가 됐을 텐데 = 어차피 공무원은 내 타입이 아니다. 그런 식이다. 그래도 밥은 먹고산다니 얼마나 다행이냐고 웃어넘기는 긍정성까지. 그러다 가까운 사람에게 이런 타박을 듣는다.

"다들 밥은 먹고살아. 어떤 밥을 먹고사느냐가 다른 거지."

머뭇거리는 우리 인생, 이제는 다른 질문을 던질 때가 된 것 같다. '그 나물에 그 밥'이 아니라 '그 나물에 다른 밥'에 대한 어떤 것.

잘 살아가기 위한 어른의 습관을 생각하는 날이 있다. 게으르고 귀찮은 몸이 가끔 부지런할 때가 그런 날이다. 아장아장 걷는다는 표현이 어울리는 나이의 딸은 무기력한 어른보다 훨씬 일찍 일어난다. 게으른 어른을 깨우고, 자기 신발을 가져와 발을 들어 올린다. 밖으로 나가자는 확실한 의사 표현이다.

잠에서 덜 깬 상태로 옷을 주섬주섬 챙겨 입고 이른 아침의 동네 산책을 나선다. 산책이라고 해야 늘 같은 코스라 호기심이 크지는 않다. 딸이 손으로 가리키는 쪽을 따라 유모차를 민다. 그렇게 한참을 걷다가 문을 연 패스트푸드 햄버거 가게에 들른다.

감자튀김과 따뜻한 커피 한 잔, 오백 원짜리 소프트 아이스크림을 주문한다. 갈수록 에너지가 왕성해지는 딸과 갈수록 에너지가 줄어드는 어른을 위한 '브런치' 메뉴. 갓 구워낸 감자튀김에 커피 한 모금을 마시는 아침이 괜찮다. 특별한 할 일이 없어 게으른 아침이 아니라 할 일이 생긴 아침이라 그렇다. 삶을 바꿀 힘이 없어 '그저 그렇게' 사는 어른에게 다르게 살아가는 누군가의 인생은 아침을 바꾸는 새로운 일감을 던져준다.

그러고 보면 삶을 바꾸는 규칙이 거창할 필요는 없지 싶다. 쓸모 있게 사는 하나의 예는 새로운 아침을 맞이하는 것. 하루가 30일이 되고, 1년이 되고, '1만 시간의 법칙'이 되는 그 날까지. 작은 변화의 시간들이 켜켜이 쌓일 때 심드렁한 어른의 시간을 바꾸는 뭔가 대단한 습관이 되지 않을까. 그 기대를 품는다.

결국 삶의 큰 변화란 누군가에게 쓸모 있는 어른이 되는 것에서 비롯되는 게 아닐까. 큰 것을 이루는 데 글러먹은 어른은 일상의 작은 쓸모에 대해 큰 관심을 갖기로 한다. 아침을 바꾼 변화는 그 자체로 충분한 효력을 발휘할 것 같다.

1. 아침을 일찍 시작하니 시간에 쫓기지 않는다.

2. 매일 딸과 브런치를 한다면 이른바 '소통'이 있는 라이프스타일이지 싶다.

3. 큰돈 안 드는 아침이니 '가난한 아빠'를 들킬 일이 없다.

4. 무엇보다 대견하다. 스스로 쓸모 있는 하루를 시작하고 있으니.

불면의 밤과 새로운 아침. 어쩌면 이것이 같은 말이라고 생각한다. 쓸모 있는 어른이 되기 위해 우리는 잊지 않고 삶의 적절한 질문을 던져야 한다.

한 번쯤 지랄해도 괜찮다

'지랄'은 고상한 단어가 아니다. 우리가 배워온 교과서에서는 이런 단어를 찾을 수 없다. '지랄'보다는 '고분고분'한 인생을 살라고, 우리가 배운 교과서가 그랬다. 세상이 가르친 대로 고분고분하게 살아왔는데, 어쩌다 이 인생? 억울할 때가 한두 번이 아니다. 지랄 한번 못 해본 인생이라 고만고만하게 사는 것 같아 아쉬울 때가 있다.

퇴근길에 터벅터벅 집으로 향하다 동네에 사는 아들과 엄마의 얘기를 잠깐 엿듣는다. 아들은 초등학생으로 보였다.

"엄마, 나 할 말 있어."

"뭔데? 너 시험 잘 봤구나."

"응, 몇 점 맞았게?"

"혹시 백 점?"

"그건 아니고. 한 문제 틀렸어. 다 맞은 애는 반에서 두 명뿐이야."

이런 얘기를 나누는 모자는 기분이 좋아 보였다. 아들과 엄마 모두에게 자랑거리가 생겼다. 언젠가 나의 딸이 초등학교에 가고, 시험 성적에 조마조마할 나이가 될 텐데. 그때 나도 저런 대화를 나눌까. 문득 다른 대화를 나누고 싶다는 생각이 들었다.

"아빠, 나 할 말 있어."

"뭔데, 행복하게 사는 방법이라도 발견했니?"

"아니, 그게 아니고 시험 봤는데 만점 받았어."

"잘했네. 근데 가끔은 뻔한 인생에서 지랄하는 방법도 생각해봐."

이런 말을 아내가 옆에서 들으면 세상 물정 모르는 아빠라고 핀잔줄 게 뻔하다. 그래도 아빠는 자식이 성적에 연연하지 않았으면 좋겠다. 성적을 잘 받으면 좋겠지만, 못 받아도 살아가는 방법이 있음을 알면 좋겠다. 때로 따분한 교육에 지랄해도 너그럽게 봐줄 요량이다.

왜냐하면 살면서 지랄 한 번 못 했더니 고만고만한 크기가 돼서, 그게 억울할 때가 있어서 그렇다. 한 번 사는 인생을 테스트하는 시험을 상상한다. 부제는 '남이 정해둔 것들을 고분고분하게 따르다 인생이 고만고만해진 아빠가 내는 인생 시험'이다. 이런 상상이다.

〈아빠가 내는 논술 문제〉
살면서 '지랄'해본 경험과 그 '지랄'이 가져온 삶의 총량을 논하
시오.

지랄은 '마구 법석을 떨며 분별없이 하는 행동'이다. 지랄에 포함된 '분별'이란 말이 가끔 불만이다. 흔히 분별은 내가 아닌 남이 정한 기준에 따르는 경우가 많아서다. 인생에서 지랄을 해본 사람만이, 그 지랄이 변화를 위한 몸부림이라는 것을 안다. 살면서 지랄 한 번 못 해본 사람이 맞이하는 삶이란 그저 그럴 뿐이다.

나는 딸이 '지랄의 크기'를 잘 아는 인간이 되기를 바란다. 인생에 더 큰 불만과 따분함이 생기기 전에 제대로 지랄하는 인생을 살기를. 그 지랄의 최종 결과는 나중에 정산하면 될 일이다.

빈센트와 나눈 이야기 중에 '지랄 총량의 법칙' 같은 주제가 포함되었다. 그에게 지랄은 자신의 삶에 있어서 중요한 선택의 순간이었다.

그의 나이 30대, 미국의 첨단 기업에 근무했다. 그를 포함해서 회사에 근무하던 동양계 직원들이 성과 및 연봉에서 불이익을 당하고 있었다. 그는 지랄을 감행했다. 직속 상사에게 인종 차별과 구조적인 불합리함에 대한 항의의 편지를 썼다. 직속 상사는 불합리의 편

이었다. 당연히 빈센트의 이메일을 무시했다. 다시 그는 그 위 상사에게 이메일을 썼고, 결국 이메일은 회사 보스에게 전달됐다.

한 개인의 지랄은 원하는 결과를 쉽게 내주지 않았다. 정작 회사에서 외면당한 것은 빈센트였다. 그는 요즘 말로 내부 고발자였다. 내 편이 되어주리라 생각했던 동료들은 자기 밥벌이의 안위를 핑계로 빈센트의 싸움을 외면했다. 지금은 이런 얘기를 추억담처럼 들려주지만, 나 홀로 싸움을 벌이던 그 시절의 요란한 감정을 어떻게 설명할 수 있을까. 외로움이나 무서움, 혹은 불안? 남의 싸움을 바라보는 사람들이 쉽게 정의하는 익숙한 감정의 단어들이 있지만, 사실 내 속의 소스라치는 감정을 설명할 수 있는 단어는 많지 않다.

결국 빈센트는 회사의 따돌림을 받다가 저성과자로 분류돼 퇴직을 강요당했다. 퇴출당한 뒤 회사를 상대로 부당함에 대한 소송을 제기했다. 소송 기간은 1년을 훌쩍 넘겼다. 조직의 불합리함과 싸워 용감한 시위를 벌였으나 조직의 대응도 만만치 않았다. 어려운 싸움을 마치고 결국 승소했다. 얻은 게 있다면 잃은 것도 크다. 빈센트는 승소했지만 조직 부적응자^{우리 조직엔 맞지 않는 사람. 당신 말고도 여기서 일 할 사람은 많으니까}라는 노골적인 타이틀이 따라 붙었다.

빈센트에겐 두 가지 선택권이 주어졌다. 승소금을 챙겨 다른 회사로 이직하는 것과 복직해서 명예를 회복하는 것. 그는 후자를 택했다. 다시 옛 상사와 마주쳤고, 껄끄러운 관계를 버텨야 했다. 돌아온 그를 바라보는 회사의 시선은 곱지 않았다. 그는 저성과자 취급을

받았고 회사 내에서 외톨이가 되었다. 그 과정을 몇 해 더 버텼다고
했다.

이런 이야기까지 듣고 나면 나는 그가 이 시대에는 드문 '야생성'
을 지닌 인간이라고 해석한다. 그쯤이면 됐다며 적당히 타협하고 마
무리 짓는 길들여진 인간이 다수라면, 반대편에 까칠한 습성을 번뜩
이며 살아가는 '야생 인류'가 있다. 대부분 우리가 그 삶에 들어가지
못하는 분명한 이유가 있다. '야생성 = 스스로 감당해야 할 지독한
싸움'과 같은 말이기 때문이다.

"그쯤 되면 지랄도 병이네요."
"지랄하지 않으면 인생은 달라지지 않아. 물론 그때는 내 인생의
실패였을 수 있겠지. 하지만 지금 바라보면, 그 지랄이 내게 다른 삶
을 살아갈 용기를 준 거야. 지랄해도 충분히 살아갈 수 있다고, 기막
힌 인생 회복력을 배운 사건이었지. 그때를 돌아보면 삶의 바닥이
절대 삶의 좌절이 되어서는 안 되는 거야."

한국 조직의 내 친구들이 떠올랐다. 개인의 삶을 좀먹는 조직의
부당함과 불합리는 어디에나 있다. 조직 vs 개인의 불화에서 자주 듣
는 말이 있는데, "절이 싫으면 중이 떠나라"는 말이다. 상처받고 떠
나는 개인은 많지만, 절이 바뀌는 경우는 드물었다.
자본주의 시대엔 '밥벌이'가 목줄이다. 밥벌이 앞에서 지랄은 무

모해 보였다. 망설이다 타협한다고 직장에서 오랜 수명이 보장된 것은 아니었다. 고작해야 몇 해, 밥벌이 수명을 연장할 뿐이다. 그럼에도 우리는 지랄하지 못했다. 언제나 주저앉고 말았다. '밥벌이 인생'의 아슬아슬한 중간 지점에서 대부분 전자와 타협했다.

그때 빈센트에겐 여러 선택지가 있었을 것이다. 80%의 선택지인 머뭇거리고 참는 길을 선택해도 누가 뭐라 할 일이 아니었다. 나는 그가 참 깔깔한 선택을 했다고 생각한다.

"그때는 내 고집을 세우는 게 중요했으니까. 그 선택이 어떤 결과를 가져올지 알 수가 없었어. 물론 내가 원하는 대로는 안 풀린 거지만. 그런데 모든 선택은 삶에 변화를 만들게 돼 있어. 그 변화가 지금의 나를 만들었고. 그래서 지금 내 삶이 힘드냐고? 아주 못 살 것 같으냐고 물으면 그렇지가 않잖아. 한번 지랄해봤기 때문에 한편으로 세상을 너그럽게 바라볼 수 있어. 인생의 플러스마이너스는 지금 정산하는 게 아냐. 결국 인간이 죽을 때 어떻게 살아왔는가에 대한 최종 점수를 매길 뿐이지. 그러니 가끔 지랄해도 괜찮아. 그래 봐야 사람 사는 데 아무 지장이 없거든."

빈센트가 발견한 '지랄+인간 성장의 법칙'이 거기 있었다.

"점점 사회가 비겁해져가고 있어. 원래 가진 자들은 자기 것을 내

놓지 않아. 더 쥐려 하고, 자기가 가진 것들을 흔드는 사람들을 싫어하지. 사람은 살면서 한 번은 져야 할 때가 있는 거야. 질 수 있지만 그래도 싸우는 것. 그런 지랄조차 하지 않으면 어느 사이에 자기 인생의 루저_{Soul looser}가 되는 거야. 어느 때는 틀려도 해봐야 해. 모든 인류 발전은 '열'이 있을 때 가능하거든. 모든 살아 있는 존재에게는 '삶의 마찰'이 필요한 거야."

　오늘도 사는 것 같지 않다고 한숨 짓는 내 인생에게 이 말을 들려주고 싶은 날이었다.

　"네 인생에 '열'을 내. 사는 것처럼 살려면 '마찰'을 겁내지 마. 가끔 고집을 부리라고. 왜? 한 번뿐인 당신 인생이잖아."

뭘 해도 충분히 가능한 나이

나이 든 이의 '스펙 관리'를 생각한다.

불안한 삶이다. 불안의 한 이유는 나이 들수록 내세울 만한 스펙이 적다는 데 있다. 어찌어찌 배운 명분으로 삼십 줄을 버텼다. 삼십 줄까지는 이른바 '스펙'이란 게 먹혔다. 졸업장과 평점, 자소서 하나로 버틸 수 있었다.

어른의 이력서는 다르다. '풋풋한 것들로 버티는 건 끝났다'는 것을 직감한다. 한 직장을 15년 정도 다녔다. 회사를 옮길 기회가 있었으나, 굳이 그러지 않았다. 회사나 나나 안주하는 쪽을 택했다. 경고음은 갑작스럽게 울렸다. 한때 잘나가던 회사는 사양 산업군에 속했다. 매출이 떨어지자 안 보이던 모습을 내보였다. 사람들이 조급해졌다. 출근하면 불안과 피로가 들이닥쳤다.

'그만 버티자.' 한곳에 오래 서 있었다는 생각이 들었다. 회사를 그만뒀다. 내 주변 누군가는 "집 뒤편 야산을 보면서 에베레스트를 간직했다"는 퇴사의 변을 남겼다. 내 퇴사의 변은 그리 멋지지도 무겁지도 않았다. 버티면서 얻은 통증에 둔감해져서일까. 그냥 두통이 한 번 왔다 가는 느낌이었다.

퇴사할 무렵, 사회 전반을 휩쓴 하나의 키워드가 '각자도생'이었다. "다들 살기 힘들고 믿을 곳 하나 없으니 각자 제 살아갈 방법을 찾아야 한다"는 위기감을 품은 말이었다. '각자도생'을 실감한 것은 이직을 위해 자소서를 쓸 때였다.

그래도 오래 사회생활을 했다고, 그걸 바탕으로 이력을 쓰다 보니 제법 구구절절한 내용이 나왔다. 그런데 그 이력들을 쓰는 내내 뭔가 거추장스럽고, 과장된 거 같은 찜찜함은 뭘까. 내 고유의 이야기보다는 남이 좋아할 만한 단어들을 고를 때가 그랬다. 적잖이 열심히 살았던 세월인데, 적잖이 많은 걸 놓치고 살았다는 생각이 든다. 제법 따분하고 매력 없는 이력이었다. 자소서 하나 쓰는 게 이리 근심일 줄이야.

"우물쭈물하다 내 이럴 줄 알았지."

조지 버나드 쇼의 묘비명에 적혔다는 유명한 글귀가 기막힌 밤이었다. 어른의 자소서엔 어떤 문장이 담겨야 할까. 이력서 한 줄을 채우려다 밤이 깊어졌다. 나이 들어 나의 쓰임을 분명하게 드러내기가 이리 난감하다.

빈센트에겐 특이한 인생 스펙이 많다. 더 늦기 전에 '버틀러 스쿨'을 다니고 싶다는 얘기가 그중 하나다. '버틀러Butler'는 집사를 뜻한다. 사전적으로는 대저택의 남자 하인들 중 책임자가 버틀러다. 그는 시간이 되면 젠틀맨의 나라, 영국에서 제대로 버틀러를 공부하는 시간을 갖고 싶단다. 남에게 흔히 대접받을 나이에 남을 대접하는 흔하지 않은 일을 생각하다니 특이한 '스펙'이다.

"내가 생각하는 버틀러는 전체적인 관리매니지먼트의 개념이야. 하인이 아니라 진짜 어른이 되고 싶다는 거지. 집에서 아버지의 역할, 대학에서 총장의 역할, 나라에서 올바른 대통령의 역할이 있다면 그건 뭘까? 함께하는 사람들을 보호하고 제대로 서비스하는 역할이 되어야겠지. 이 사회에 어른 버틀러가 많을수록 진짜 살 만한 세상이 되는 거야. 내가 생각하는 버틀러는 그보다 더 통합적인 매너, 뭐랄까, 동양의 언어로 통치統治에 관한 거야. 어떻게 하면 더 어른다운 어른이 될 수 있을까, 사회에 도움이 되는 인간이 될 수 있을까를 진지하게 생각하는 거야. 사회에 봉사하고 싶은 거냐고? 그게 아냐. 나란 사람은 버틀러 같은 삶을 즐길 뿐이야. 진정한 '어른의 시간'과 매너를 가질 수 있다면 함께 사는 사람들과 행복할 수 있을 걸. 나는 좋아하는 사람들에게 진심으로 서비스하고 싶거든."

누군가 "요즘은 이걸 배우고 있어요"라고 눈을 번뜩이며 얘기할 때, 아무것도 배우는 게 없는 사람은 초라해진다. 혼자만 발전이 없는 삶 같아 주눅이 든다. 돌아보면 여기저기 관심은 많았으나 제대로 배운 바가 없다. 이러다 어디 써먹을 데 없는 어른이 될까 봐 근심이다. 어른에게는 다른 배워야 할 것들이 있다고, 빈센트가 말했다.

"요즘 사람들은 남들 하는 것만 따라 하려고 하지. 그래서 정작 자기만의 것이 없어. 자기만의 것에 집중할 때 적절한 삶의 기술을 얻는 거야. 무엇보다 늙어서는 배운 바를 돌려줄 수 있어야지. 훌륭한 버틀러가 되려면 만물 박사가 되어야 해. 살아온 경험이 풍부해야 다른 사람에게 나눌 수 있으니까. 엄마 아빠도 아이에게 훌륭한 버틀러가 되려면 꾸준히 노력을 해야겠지. 내가 배우려는 버틀러는 그런 거야. 일종의 '어른 수업'이랄까."

'어른의 자소서'가 답답할 무렵, 빈센트가 적게 될 예순의 자소서 항목들을 상상한다.

1. 나보다 맛난 못난이 빵을 굽는 사람은 드물다.
2. 고장 난 차를 다룰 줄 안다.
3. 요가를 가르칠 수 있다. 그것도 '독학'으로 배웠다.
4. 내 꿈은 '버틀러'다.

아, 멋진 스펙이다! 남달리 살아온 이력이 이만큼 분명한 자소서라니.

"넌 뭘 좀 제대로 배우고 있는 거야?"

답을 못 찾아 머뭇거렸다.

"괜찮아. 아직 40대잖아. 다급할 필요는 없어. 충분한 가능성을 가진 나이니까."

내 게으른 삶에 대한 다그침과 근사한 위로를 동시에 해내다니 빈센트는 타고난 '버틀러'였다. 괜히 주눅 들어 살다 보니 잊고 살았다. 40대가 보기엔 20대가, 예순이 보기엔 40대가 그런 나이였다.

뭘. 해. 도. 충. 분. 히. 가. 능. 한. 나. 이.

누군가의 영웅이 되는 쉬운 방법

처음 극장에 간 게 초등학교 4학년 무렵이었다. 그날의 공기를 또 렷하게 기억한다. 극장은 어두컴컴하고 퀴퀴한 냄새가 났다. 어두운 공간 안에 약간의 흥분이 배어 있었다. 거기에서 내 생애 첫 영웅을 만났다. 가슴에 S자 마크를 달고 파란 망토를 휘날리며 우주를 날던 슈퍼맨이 그였다. 극장 안에서 아이의 눈은 초롱초롱 빛이 났다.

아직도 잊지 못하는 영화 속 장면이 있다. 슈퍼맨이 지진에 매몰 되어 죽을 위기에 처한 애인을 구하기 위해 지구를 거꾸로 일곱 바 퀴 반을 도는 장면이다. 시간은 되돌려졌고, 지진은 사라졌다. 애인 은 목숨을 구했다. 가물가물한 기억 속의 그 장면에 영웅의 고뇌가 포함됐다.

"시간을 되돌리는 것은 인간의 영역이 아니다. 그에 따른 벌을 받을 수 있다."

그때 꽤 조숙했던 것일까. 지구 일곱 바퀴 반을 돌고 돈 영웅의 근사한 모습 그 뒤에, 인간 vs 영웅의 갈림길에 선 슈퍼맨의 고뇌를 읽었다. 슈퍼맨을 만난 뒤 꽤 오랫동안 높은 곳에 올랐다. 엄마는 그런 자식을 보며 '어디 높은 곳에 올라 출세하려나 보다'고 생각했다고 요즘도 말한다. 이렇게 어설픈 어른이 될지는 몰랐을 것이다. 세상 모든 엄마가 그렇듯.

나의 첫 영웅을 떠나보낸 게 언제였을까. 아직은 떠나보내지 않았다. 슈퍼맨 시리즈는 계속되고, 언제 다른 시리즈가 나올까 기대하는 것을 보면 말이다.

'마음속 영웅이 사라질 때 나의 소년 시대 역시 막을 내리겠지.'

난 여전히 어른의 어딘가 한구석에 '소년 시대'가 움츠리고 있다는 것을 직감한다. 한편으로 시니컬한 어른이 되었고, 슈퍼맨이 있건 없건 무방한 어른이 되었다. 가끔 엉뚱한 질문을 해본다. 슈퍼맨이 있다고 믿는 어른과 없다는 어른, 혹은 있거나 없거나 무슨 상관이냐는 어른 중 누가 더 행복할까.

빈센트는 누구나 영웅이 될 수 있다고 말한다. 영웅이라 해서 너무 특별한 존재로 거리를 두지 않는 한, 우리는 언제나 누군가의 영웅이 될 수 있다는 말이다. 느닷없는 영웅 얘기는 빈센트의 주방에서 툭 하고 튀어 나왔다.

"누군가를 위한 요리를 만들어야겠다는 생각을 언제부터 한 거예요?"

"난 누군가를 위해 일부러 요리를 한다는 생각은 한 적이 없어. 그냥 나와 가족을 위해 음식을 만드는 자체가 즐거울 뿐이야. 전날 술을 잔뜩 마셔 만취했다고 해. 다음 날 속이 쓰릴 테고, 속풀이 해장국이 생각날 거 아냐. 그럴 때 누군가 직접 해장국을 만들어준다고 생각해봐. 어때? 감동 아냐. 바로 그 순간, 나는 누군가의 영웅이 되는 거야."

그의 이야기를 좀 더 들어봐야겠다.

"영화 〈킹 아더〉를 보면 이런 장면이 있어. 아더 왕이 라운드 테이블에 모인 사람들에게 이런 대사를 해. 'In serving each other, we become free!서로에게 봉사하는 마음을 가질 때 우리는 더 당당할 수 있어!' 내겐 요리가 그래. 음식으로 남을 즐겁게 할 수 있어. 요리를 통해 내 삶은 더 당당할 수 있는 거야. 그렇다면 요리를 대접하는 나도 누군가에겐 영웅처럼 보이지 않을까?"

영화 속 슈퍼맨은 현실에 없지만, 곳곳에 가슴의 S 마크를 숨긴 '영웅'이 존재하고 있다. 그리고 깨닫는다. 영웅이 있다고 믿는 어른이 분명 더 행복하다!

기억에 남는 〈슈퍼맨 리턴즈〉의 대사가 있다. 슈퍼맨이 애인을 안고 밤하늘을 날면서 하는 이야기다.

"당신은 더 이상 세상이 영웅을 필요로 하지 않는다고 했지만, 난 매일 들어. 영웅을 찾는 목소리들을…."

고백하면 어른이 된 나도 매일 어떤 소리를 듣는다.

"너도 영웅이 될 수 있을 거야. 너만의 방식으로, 언젠가는."

어른의 '활성 뇌파' 유지법

어쩌다 시간이 나면 '육아 부채감'이 커진다. 밥벌이의 고단함 탓에 쉬는 날에는 쌓인 피곤으로 몸을 누여야 했다. 갈수록 쓸모없어지는 삶에 대한 고민만 커서 딸과 잘 놀아주는 시간이 부족한 아빠였다.

딸은 집에 있는 게 답답한지, 요즘 들어 부쩍 밖으로 나가자고 보채는 일이 잦다. 자기 신발을 가리키며 '응응'거리는 게 어린 딸의 적극적인 외출 신호다. 몸이 게으른 아빠는 딸의 보챔이 한동안 이어진 뒤에야 겨우 몸을 일으킨다.

집과 가까운 곳에 공원이 있다. 모처럼 딸과 산책을 나섰다. 등산로 초입에 한 역사적 인물의 기념관이 있다. '왜 이런 곳에 기념관이 생겼을까. 숲과 관련한 뭔가가 있다면 더 어울릴 텐데.' 다소 생뚱맞다는 생각을 한다. 일상에 쫓기는 분주한 아빠는 매사에 너그럽지 못하다. 잠시 여기저기를 둘러본다. 커다란 돌에 글귀 하나가 적혀 있다.

"멀리 보지 않으면 큰 것을 이룰 수 없다."

답답한 가슴을 한 번 더 꾸욱 누른다. 이 나이에 그저 그런 인생인 것은 멀리 보지 않았던 탓일까. 멀리 본다는 건 무엇이며, 인간이 이뤄야 할 큰 것이란 도대체 무엇일까. 삶의 질문을 던지는 데는 십대나 중년이나 다를 바 없다. 생의 반을 지나가는 나이에도 질문이 꼬리를 문다. 차라리 어린 나이면 '큰 것'을 정의하는 게 쉬웠을 텐데. 거기 속 시원한 답을 내놓지 못해 답답한 어른의 날들이다.

딸은 모처럼의 산책에 신이 났다. 혼자서 잘 뛰어 다닌다. 멍한 인생은 나 혼자라 다행이다. 언젠가 빈센트와 '멀리 보는 인생'과 비슷한 주제의 대화를 나눴다.

"내 머릿속은 인생 스케줄로 가득 차 있어. 지금은 그걸 차곡차곡 쌓아두는 거야. 인생을 멀리 보는 거지. 인생은 길고 해야 할 게 많으니 내 마음이 무지 바빠. 생각하는 것들을 다 하려면 그만큼의 시간을 만들어야 하니까."

빈센트는 진정한 '버틀러'가 되고 싶고, 좋아하는 사람들을 태울 자가용 비행기 조종법을 배우고 싶고, 자기 방식의 도넛 가게를 열고 싶다. 머릿속에 삶의 스케줄이 꽉 찬 사람이다. 어느 나이건 삶의 호기심과 열정을 가진 사람을 만나는 건 반가운 일이다. 빈센트를 보며 문득 생각을 정리한다.

1. '큰 것'은 모호하나, 즐거운 인생을 살아야 한다는 것은 분명하다.
2. 멀리 본다는 것은 결국 내게 필요한 시간을 만든다는 것이다.

어느 날 EBS 교육 프로그램에 한 교육 전문가가 나와 흥미로운 연구를 소개했다. 수업 시간에 집중하는 학생과 조는 학생들의 뇌파를 연구한 결과였다. 뭔가에 집중하는 학생은 '활성 뇌파' 상태였고, 졸음에 빠진 학생들의 뇌는 '수면 뇌파' 상태였다.

특이한 것은 수업 시간과 쉬는 시간의 뇌파 상태를 비교한 결과였다. '수면 뇌파' 상태였던 학생 그룹의 뇌는 쉬는 시간에 어떻게 변했을까. 이 대목이 반전이다. 쉬는 시간이 됐지만, 한번 잠에 빠진 뇌는 깨지 않았다. 그들의 '수면 뇌파'는 쉬는 시간에도 지속됐다.

잠시 학창 시절을 돌아본다. 수업 시간에 집중하던 아이는 어느덧 인생이란 수업 시간에 꾸벅꾸벅 조는 어른이 되었다. 쉬는 날이면 소파에 축 늘어진다. "아무것도 하지 않는데, 더 아무것도 하지 않고 싶다." 어느 이모티콘의 문구가 일상인 어른이 됐다.

멍한 날이 많은 아빠는 걱정이다. 어른이 된 지금 '수면 뇌파' 상태인 걸까. 이러다 계속 잠이 들면 어떡하나. 인생을 멀리 보지 못하는 이유가 혹시 '수면 뇌파' 상태여서는 아닐까.

아쉽게도 프로그램에서는 '수면 뇌파'를 '활성 뇌파'로 바꾸는 방법은 알려주지 않았다. 짐작컨대 우리 뇌는 활성 vs 수면을 구분하는 스위치 기능이 있지 않을까 싶다. 꺼진 스위치를 어떻게 온on 상태로 돌릴 것인가는 모르지만, 이건 분명하다. '쓸모를 찾는 과정에서 어느 순간 툭 하고 스위치가 켜질 테지.'

빈센트는 이렇게 말했다.

"지금 내가 왜 이 꼴이냐를 알려면 과거를 돌아봐야겠지. 지금과 다른 모습으로 멀리 뛰려면 미래를 계획해야 할 테고. 우리 삶도 활성화의 연습이 필요할 거야. 그러기 위해서는 현재를 차곡차곡 쌓아 가는 훈련을 시작해야지. 지금 답답한 삶에 '왜'라는 질문을 자꾸 던지면서. 어떻게 바꿔 가느냐가 중요한 거야."

싸우는 법을 잊지 않는다

나이 드니 예습보다는 복습하는 날이 늘었다. 영화가 그렇다. 최신 영화가 있지만, 예전 영화를 보고 또 보고, '복습'한다. 아내와 딸이 잠든 주말의 늦은 밤, 혼자 피곤한 눈을 깜빡이며 TV 특집 영화를 시청한다. 가장 최근 복습한 영화는 〈싸움의 기술〉이다. 영화 보는 취향을 떠나, 채널을 돌리다가 묘하게 얻어 걸리는 날이 있다.

영화는 질풍노도의 세대가 주인공이니 마땅히 어른용은 아니다. 청춘 영화를 왜 어른이 보느냐는 질문에 잠시 변명을 하자면 제대로 철이 안 들어 그렇다 할 것이다. 또는 〈싸움의 기술〉은 오래된 수컷의 본능 아니겠느냐는 수준(?) 있는 답도 가능하지 싶다. 각설하고, 어쩌다 멍하게 본 영화 한 편에 이런 대사가 나온다.

"넌 눈썰미가 있어. 하도 많이 맞아서 그런지 상대가 어디를 때릴 줄 안단 말이야. 기술도 그 정도면 됐고. 하지만 넌 사람을 못 때려. 이유가 뭘까? 그건 바로 두려움이야. 네 안에 있는 두려움!"

영화를 보며 주먹질을 떠올리는 청춘이 있다면, 싸우는 법을 잊은 주눅 든 심리와 연결 짓는 수컷 어른이 있다. 대사에 등장하는 '사람'이나 '상대'를 '인생'이란 한 단어로 바꾸면 확 와 닿는다.

"넌 눈썰미가 있어. 하도 많이 맞아서 그런지 '인생'이 어디를 때릴 줄 안단 말이야. 기술도 그 정도면 됐고. 하지만 넌 '인생'을 못 때려. 이유가 뭘까? 그건 바로 두려움이야. 네 안에 있는 두려움!"

맞을수록 맷집이 느는 건 청춘의 특권일까. 어른이 된다는 건 맞는 걸 겁내는 나이가 됐다는 뜻이다.

왕년에 그렇게 맷집 좋던 복서가 은퇴 경기를 치렀다. 젊은 시절 화려했던 파이터의 모습은 찾기 힘들다. 가능한 한 상대의 주먹을 피하다가 판정승으로 경기를 끝마친다. 노련한 경기 운영이었지만 경기를 지켜본 사람들은 '싱겁다', '지루했다'고 평가했다.

인간에 대한 기대치란 게 있다. 사람들이 응원하는 건 싸움의 승패가 아니다. 싸움의 본능에 관해서다. "그래도 멋지게 한 판 싸웠지"라는 말에 언제나 감동하고 열광할 준비가 되어 있다.

나이 드니 싸울 일이 줄어든다. 맷집이 줄었다. 괜한 시비에 끼어들 의지도 없다. 그렇고 그런 인생 안에서 피 터지게 싸울 일이 늘었으나 싸우는 법을 잊어버린 세대가 되었다. '순응'이 건네는 삶은 지루하고 싱겁다. 그 반대편에서 여전히 잘 싸우는 어른이 있다.

빈센트가 그 부류였다.

"집에 칠할 페인트를 사려고 벤자민 무어 페인트 가게에 들른 적이 있어. 그런데 어떤 젊은 녀석이 뭐에 꼬였는지 직원들에게 고래고래 소리를 치는 거야. 사람들은 그걸 지켜보면서 다들 조용히 있더라고. 나는 참지 못하고 다가가서 그랬어. '이제 그만합시다. 다른 사람들에겐 조용히 쇼핑할 권리가 있잖아요.' 다행히 말귀를 알아들어 소란이 조용해졌어. 내가 영웅이 되고 싶어서 그랬을까? 그게 아냐. 다만 난 조용하게 내 볼일을 보고 싶었을 뿐이지. 왜 우리가 상처를 받는 줄 알아? 기본이 안 된 녀석들 때문에 상처를 받는 거야. 난 기본을 안 지키는 상황에는 언제든 싸울 준비가 되어 있어. 살다 보면 어쩔 수 없이 싸워야 할 일이 생기니까 늘 몸과 마음을 준비하는 거야."

잠깐 빈센트의 외모를 소개할까 한다. 전형적인 파이터의 외모? 절대 아니다. 키는 남자치고는 아담하다. 작은 체구지만 다부진 느낌은 있다. 약간 마른 체격은 날렵하고, 발걸음은 가볍다. 복싱 체급으로 따지면 라이트 플라이급48kg 미만이나 플라이급48~51kg 이하이지 싶다. 평소 머리 스타일은 꽁지머리일 때가 있어서, 일본 검객 같은 분위기도 있다.

유도를 잠깐 배웠다고는 들었는데, 실제 싸움을 잘하는지는 모른다. 다만 싸움꾼의 본능은 갖고 사는 사람이다. 홧김에 싸운다는 말이 있는데, 정작 빈센트는 기본을 지키기 위해 싸운다. 싸우려는 어른이 늘어날수록 주변의 삶이 차분해질까. 노년의 '파이터'는 싸우지 않는 우리 세대를 걱정했다.

"난 너희 세대가 걱정이야. 순응하는 세대잖아. 마음에 들지 않아도 'No'라고 할 용기가 없어. 남의 말에 쫓아다니기 급급하고, 밥벌이 때문에 이러지도 저러지도 못하고. 그렇게 너희들은 발목 잡힌 세대가 되었어. 한편으로는 재수가 없는 시절을 맞은 건데, 언제까지 재수 탓만 할 거야? 지루하고 싱거운 태도는 요즘 시대에는 경쟁력이 없어. 지금 너희 세대가 해야 할 일은 순응과 반대로 가는 거야. 지금 삶이 재미있어? 인생이 맞게 가고 있다고 생각해? 아니란 걸 잘 알잖아. 그렇다면 잘못된 걸 되돌리는 싸움을 해야 할 때야."

'파이터'는 청춘의 전유물이 아니다. 그동안 많이 맞고 상처를 받은 어른들에게 더 절실하다. 영화 〈싸움의 기술〉에 따르면 인생에서 많이 맞아본 사람이 어디를 때려야 할 줄 안다. 그동안 여기저기 많이 맞지 않았던가. 정작 우리는 때리는 법을 잊어버렸다.

회사에서 꽤 상처를 받다 자의 반 타의 반으로 퇴사한 친구를 만났다. 친구는 공황 장애 증세를 겪었다. 그는 노래를 좋아했다. 내가 7080의 아재 노래를 들을 때, 그는 최신 곡을 챙겨 들었다. 어느 날 친구의 차를 타고 이동하면서 "어차피 나올 거면 한 번 들이박기나 하지"라는 말이 입에 맴돌았다. 왠지 모르게 꾹 참았다. 그때 이 노래가 흘러 나왔다.

"루저, 외톨이, 상처뿐인 머저리, 거울 속에 넌 Just A Loser~~."

우울한 노랫말과 달리 리듬감이 좋았다. 친구와 함께 따라 불렀다. '이게 십대를 위한 노래라고? 아니, 왜 우리 노래를 너희들이 좋아하고 난리니? 이런 젠장할!'

p.s. 싸우는 법을 잊어버린 어른의 추억이 있다. 학창 시절에 일본의 전설적인 검객 '미야모토 무사시'의 책을 샀다. 친구들은 다들 인문학이나 사회학 책을 사는 터라, 뜬금없이 구입한 검객 책이 멋쩍었다. 그래서 책 표지를 마치 인문학 서적처럼 포장했던 기억이 있다. 평생 싸움을 벌였던 무사시는 이런 어록을 남겼다.

"멈칫거리지 마라. 멈칫거리는 순간 죽음이 온다."

저스트 두 잇 Just do it

상쾌한 몸을 가진 적이 언제였을까. 오래된 피로 탓에 늘 몸이 딱딱하다. 딱딱한 몸을 달래기 위해 늦잠을 자거나, 온종일 소파에 누워 있어봐도 피로는 풀리지 않는다.

몸의 화석화Fossilization를 걱정한다. 화석화는 잘못된 습관이 굳어진다는 뜻을 갖고 있다. 화석화를 걱정하는 건 비단 몸뿐이 아니다. 생각이 예전 같지 않다. 문득 흥미로운 일들이 떠오르던 시절이 있었다. 요즘엔 전혀 그럴 기미가 없다. 왜 이 지경이 됐을까. 같은 증세를 두고 오춘기나 갱년기란 의학적 병명이 있다. 나는 이런 증상을 '화석화'라 진단한다.

선뜻 다가오던 즐거움들이 더 이상 즐겁지 않다. 불안한 현실을 헤쳐 나갈 무기가 없다. 인생의 반을 살았으니, 남은 반도 어찌 되겠지하는 어정쩡한 태도. 그러나 답은 보이지 않는다. 아직까지 어디에서도 어른의 '화석화'를 되돌리는 마땅한 처방전을 얻은 적이 없다.

부쩍 화석화한 몸을 안고 빈센트의 집을 찾던 날, 그에게서 전화가 걸려 왔다.

"오늘 차를 타고 오는 거야?"

그는 주차 위반을 걱정하고 있었다. 일전에 그의 집 앞 도로 빈 곳에 차를 세웠다가 주차 딱지를 받았다. 그게 마음이 많이 쓰였던 모양이다. 차를 세워둔 곳은 오가는 차량들을 방해하지 않는 위치였다. 그런데도 딱지를 떼였다. 주차 위반 딱지에는 '민원 신고'라고 적혀 있다. 신고를 한 사람은 자기 눈앞에 남의 차가 있다는 것만으로 마땅찮았나 보다. 도시의 주차 인심이란. 그 우울한 소식을 들은 빈센트는 다음번에는 자기 집 근처 임시 주차 구역을 이용하라며 그 위치를 알려줬다.

집 근처에 도착하니 그가 마중을 나와 있다. 주차 구역을 알려줬지만 혹시 못 찾고 헤맬까 봐 미리 나온 것이다. 누군가를 신경 쓰는 몸을 갖고 있는 사람들이 있다. 이렇게 활발한 몸을 가진 빈센트는 '화석화'와는 거리가 먼 삶이다. 이날 우리는 인생의 목적지에 관한 대화를 나눴다.

"요즘 부쩍 사는 게 뭘까, 남은 인생의 목적지가 어딜까. 그런 생각을 많이 해요. 물론 그 질문에 대한 답은 전혀 찾지 못했고요. 어떠세요? 삶의 목적지가 분명한가요?"

"물론, 난 늘 목적지를 갖고 살지. 내 삶의 목적지는 세 가지야. 첫째, 건강하기. 사람은 어떻게든 건강하게 오래 살아야 해. 그래야 살아오면서 실수한 것들을 되돌릴 시간과 가능성이 있으니까. 또 몸이 건강해야 좋은 가족과 부모가 될 수 있겠지."

뭔가 거창한 말이 아니라 편했다.

"둘째는 세상 아름다운 것들Beauty에 감사할 줄 알기. 마지막 세 번째는 자유롭게 생각하며 살아가기야."

모두 괜찮아 보이는 기준이었다. DJ DOC의 신나는 노랫말, "돈 싫어, 명예 싫어, 따분한 음악 우린 정말 싫어"가 떠올랐다. 빈센트는 따분한 목적지는 정말 싫어하는 사람 같았다. 그에 비하면 내 주변엔 스스로 목적지를 찾지 못하는 사람이 얼마나 많던가.

"우리 세대는 삶의 목적지를 못 찾는 세대인 거 같아요."

"나는 그걸 '노예 근성'이라고 생각해. 지금까지는 살면서 누군가 쉽게 떠먹여줬을 테고, 눈앞에 있거나 바로 손에 잡히는 것들만 찾으며 살았을 테니까. 쉽게 얻은 인생은 그만큼 쉽게 잡아먹히는 거야. '이건 어려울 거야, 이건 못 해'라고 생각하면 영원히 아무것도 못 하게 돼. 자기 인생에서 성공하려면 머뭇거리는 생각 따윈 그만해야 해. 그보다는 뭐든 해보는 거야. 혹시 실패하더라도 그 실패를 통해 소중한 경험을 얻을 수 있어. 물론 나이 마흔이 넘으면 시도에 대한 리스크가 더 크겠지. 실패하면 타격이 훨씬 클 거야. 그런데 인생은 희생 없이 얻을 수 있는 게 없어. 절대 공짜로 얻는 결과는 없어. 삶의 목적지를 알려면 무엇보다 용감해야 해. 그리고 움직여야지. 저스트 두 잇!Just do it, 이 말을 잊어선 안 돼."

가끔 내 남은 절반의 인생에서 내 손으로 직접 집을 지을 수 있다면 의미 있겠다는 생각을 할 때가 있다. 그게 작고 오두막 같은 집이라도 내 손으로 직접 만들 수 있다면! 뭔가를 제대로 이뤄본 일이 드문 나는, 집이라는 건축물을 통해 '이룬다'는 결과물을 확인하고 싶은 건지 모른다.

그래서 뭐라도 시도하고 있느냐고? 여전히 아무것도 없다. 내 형편에 집 지을 작은 땅 하나 구할 수 있을까 의문이고, 집을 짓는 공부는 시작조자 하지 못했다. 어느 숲속에 작은 오두막집을 지은 헨리 데이비드 소로의 〈월든〉, 마이클 폴란의 〈주말 집 짓기〉라는 책을 샀다. 그저 나는 그들의 실행력에 감동할 뿐이다.

늘 그런 식이다. 빈센트가 말한 '저스트 두 잇'을 새삼 생각한다.

남의 삶에 감동할 뿐 정작 내 삶에 감동이나 실행력이 없다. 정작 내 삶의 '저스트 두 잇'이 없는 시간이 삶의 위기다.

무심코 내버려둔 시간과 화석화한 몸이 재촉하는 밤이었다. 빈센트의 이 말이 그나마 불안한 밤의 위안이었다.

"너무 조급해하지 마. 살아온 삶에 대한 최종 정산은 결국 죽을 때 하는 거니까. 아직 생의 절반이 남았고, 우리에게는 언제나 적절한 시간이 있는 거야. 그러니 오늘부터 저스트 두 잇!"

다른 시간을 만든다

비가 갠 여름날, 잠시 골목길을 걸었다. 빈센트가 하늘을 올려다보며 말했다.

"오늘 하늘은 참 맑다."

그제야 나도 하늘을 올려다봤다. 맑은 하늘을 우연히 바라본 때가 언제였던가. 회사 동료들과 근처 커피 가게의 테라스에 앉아 우울한 회사 이야기를 하던 날, 고개를 들어 바라본 하늘이 참 맑았다. 쓸데없이 분주한 날들이었다. 이런 하늘 아래서 우중충한 이야기에 빠져 있었다니. 괜히 분주한 우리들에 비해 '느긋한 시간'을 가진 사람들이 있다.

"그러고 보니 우리 세대에게는 혼자만의 느긋한 시간이 없는 거 같아요."

"우리가 지금보다 훨씬 오랫동안 살 수 있다면 지금 우리가 아는 시간의 단위가 바뀔 거야."

아인슈타인의 특수 상대성 이론 E=mc²을 듣는 것처럼 정신이 명 했다. 무슨 말인지는 모르겠으나 꽤 근사했고 맞는 말 같았다. 왜 우 리는 시간에 쫓길까, 왜 쓸데없이 분주할까, 왜 우리 삶에는 느긋함 이 없을까. 분명 주어진 시간은 같은데, 다른 시간대를 생각하는 사 람들이 있다.

"인간에게 시간은 늘 부족했어. 아버지 세대를 생각해봐. 당신들 은 시간이 많았을까? 자식 키우기 위해 뼈 빠지게 일하느라 편하게 담배 한 대 피울 시간이 없었어. 사람에게 주어진 시간이란 늘 그런 거야. 거기 휩쓸리느냐, 마느냐의 차이겠지. 사실 지금은 옛날보다 시간이 많아졌어. 노동의 시대가 지났으니까. 기계화와 인터넷 시대 가 됐다는 건 그만큼 인간이 쓸 수 있는 시간이 늘었다는 거야. 그런 데 이상하지? 요즘 사람들은 더 여유가 없잖아. 분명 시간이 많아질 기회였는데, 우리가 그 반대의 방향, 즉 조급한 쪽을 선택해서 그런 거야."

흥미로운 이야기였다. 빈센트는 시간을 늘리는 방법을 알고 있을까.

"무엇보다 남의 시간에 휩쓸리지 말아야지. 남이 만든 시간이란 게 뭐야. TV나 인터넷, 광고 등 우리 시간을 제공해야 볼 수 있는 것들이겠지. 필요 없는 것들에 빠져 낭비하는 시간을 줄이는 게 우선이야. 우리가 시간을 늘리는 쪽을 선택하면 어떤 일이 벌어질까? 우리가 외면하는 만큼 그걸 만드는 쪽에서도 시간을 잡아먹는 내용은 더 만들려고 하지 않겠지. 결과적으로 그들 역시 느려지는 거야. 그들이 느려지고, 우리도 느려지고. 결국 우리는 다른 시간을 갖게 되겠지."

　단순한 공식이었다. 누구에게나 주어진 시간은 같다. 남에게 휩쓸리는 시간을 뺀 만큼 나만의 시간은 더해진다. 결국 시간은 빼고 더하기의 문제였다. 이 평범한 공식을 적용하지 못할 만큼 남이 만든 시간에 길들여진 우리들이 있다.

　"진짜 시간을 얻는 나만의 비법이 뭔 줄 알아? 크게 숨을 한 번 들이쉬어. 그리고 가능한 한 멀리 떨어져서 나의 시간을 바라보는 거야. 순간순간 내 삶이 흘러가는 게 보이겠지. 나는 누구였지? 내가 뭘 할 때 좋아하지? 이런 질문의 시간이 필요해. 일종의 타자화라고 할까. 거기서 나란 사람을 발견할 수 있겠지. 내 인생의 소중한 것들이 다가올 거고, 그걸 외면하지 않는 만큼 집중하는 시간을 갖게 되겠지. 시간을 늘린다는 것과 내 시간을 갖는다는 건 결국 같은 말이야."

돌아오는 길, 차 안에서 좋아하는 7080 노래를 크게 틀었다. 노래들이 흘러나오는 지금은 분명 나만의 시간인데, 나는 또 다른 목적지를 찾느라 분주했다. 우리는 언제쯤 시간이 아주 많은 어른이 될수 있을까. 언제쯤 내 삶에 집중하는 시간을 가질 수 있을까. 시간을 다루는 빈센트의 말이 계속 뇌리에 남았다.

"요즘은 100세 시대라고 하잖아. 그런데 만약 우리가 300세를 살수 있다면 어떻게 될까? 하루의 단위가 바뀌고, 조급함의 속도가 다르지 않을까. 남이 정한 시간에 너의 시간을 맞추지 마. 각자의 다른 시간을 만들며 살아가는 거야."

미 퍼스트 Me first

혼자만의 시간이 필요하다는 사인이 있지만 총각 때와는 달리 엄두를 못 낸다. 아이가 어린이집에 가거나, 아이가 일찍 잠든 날의 밤이 잠깐의 내 시간이다. 그 빈 시간에 특별함은 없다. 멍하게 있거나, 미뤄둔 일들을 조급하게 쳐낼 뿐이다.

너무 휘둘리며 사는 것 아닌가 하다가도 지금은 그래야 할 시간이라며 적당히 타협하고 적당히 위로하며 지나간다. 이러다 정말 깊은 우울증에 빠지면 어떡하지? 그 걱정을 잠깐 할 때가 있다. 쓸데없이 분주하고, 분주함에 낭비되고, 잡념으로 채워진 나를 비우지 못하는 데서 맞이하게 될 깊은 어떤 것.

지금보다 어렸을 때, 두 번 정도 혼자만의 여행을 떠난 적이 있다. 20대 후반에는 인천의 해안가로 훌쩍 1박 2일 여행을 떠났다. 그때 왜 혼자 떠났을까. 그럴 만한 사정이 있었을 텐데 기억이 잘 나지 않는다. 가난한 청춘, 어느 허름한 모텔에서 보낸 하룻밤이 너무 낯설고 외로웠다는 기억뿐.

30대 초반, 생애 첫 차를 구입한 기념으로 혼자만의 여행을 떠났다. 곽재구 시인의 책 〈포구기행〉이 여행을 부추겼다. 책에서 시인은 작은 포구들에서 만난 풍경과 사람을 통해 우리가 잃어버리고 사는 소중한 것들을 발견하라고 말했다. 책에 등장하는 한 포구를 그대로 따라가는 여정을 잡았다.

목적지는 구룡포였다. 경주를 경유해 구룡포를 찍고, 외로움이 잦아들 때까지 여행을 하기로 마음먹었다. 현대인이 잃어가는 '날것'을 찾는 여정이니 몸도 부대끼기로 했다. 여행 하면 떠올리는 근사한 숙소 같은 건 잡지 않았다. 트렁크에는 두툼한 침낭을 챙겼다. 가능하다면 며칠은 침낭을 덮고 차에서 노숙을 할 계획이었다. 첫날 밤을 보낸 곳은 경주의 한 유적지 주차장이었다. 그날 밤엔 보슬비가 내렸다.

구룡포의 하늘은 맑지 않았다. 빗방울이 거세지는 풍경을 마주하며 책에 등장하는 멸치잡이 어선을 찾았다. 선장을 만나면 배를 태워달라 부탁하고, 며칠 바다 일을 할 수 있겠느냐고 물으려 했으나 거세지는 빗방울에 그 마음을 포기했다. 그때 용기를 냈었다면 더 많은 '사연'을 가졌을 텐데. 시도하지 못한 삶은 늘 아쉬움을 남긴다.

구룡포를 찾은 시인은 "외로움이 찾아올 때, 사실은 그 순간이 인생에 있어 사랑이 찾아올 때보다 더 귀한 시간"이라고 말했다. 고백하면 혼자 떠난 포구에서 그런 시인의 언어를 발견하지 못했다. 노숙의 몸은 감기에 걸렸고, 사흘째는 찜질방에 몸을 누여야 했다. 그게 외로운 30대의 진통 같은 것이었을까. 돌아오는 차 안에서도 그 답을 얻지는 못했다. 30대에도 혼자 있는 시간이 낯설기만 했다.

'감성 = 충동'의 여행이 가능했던 날들이 지났다. 이제 '어른의 시간'이 되어, 다른 혼자만의 시간을 생각하게 된다. 빈센트는 '혼자 있는 시간=삶의 자발적 중단'이라고 말한다. 40대가 되어 만나는 '미 퍼스트^{나 먼저}' 이론이다.

"학창 시절을 떠올려봐. 열심히 공부하고 시험을 치르고 나면 방학이란 게 있잖아. 어른의 시선으로 그 방학을 풀어내면 '나를 돌아보는 시간' 정도가 되지 않을까. 그런데 어른들은 왜 그 시간을 갖지 못할까? 이런저런 핑계에 둘러싸여서 그런 거야. 요즘 어른들은 '혼자의 시간'에 대한 훈련이 필요해."

빈센트는 앤 모로 린드버그의 책 〈바다의 선물〉을 소개했다. 저자는 세계 최초로 비행기를 타고 대서양을 횡단한 '저스트 두 잇'의 표본, 린드버그의 부인이다. 그녀 역시 자발적 삶의 주인공이다. 비행 면허를 취득한 최초의 미국 여성으로 알려졌다. 그녀는 세속적인 것을 떠나 스스로의 삶과 정신을 만나는 시간에 공을 들였다. 한적한

코네티컷의 해안에 머물며 쓴 책이 〈바다의 선물〉이다. 그녀가 혼자 있는 시간에 발견한 사색의 문장들은 이런 식이다.

"해변에서는 너무 조급해하거나, 탐욕스럽거나, 안달하지 말 것. 백사장을 파헤치며 우연의 보물을 찾지 말 것. 내가 머물고 있는 방을 쓸고 닦느라고 부산 떨지 말 것. 두고 온 가족이나 친구 생각으로 자신만의 시간을 방해 받지 말 것. 인적 없는 모래밭에 누워 침묵과 고독이라는 사치를 마음껏 즐길 것. 찬란한 밤하늘을 가르며 지나가는 별똥별의 어두운 흔적을 올려다볼 것…."

빈센트는 젊은 시절 이 책을 읽고는 '참 한가롭고 시간 낭비하는 사람이네'라는 생각을 했다. 그러다 어느 순간, 저 시간의 소중함을 깨달았다고 한다. 내 삶에 집중한다는 건 자신의 삶에 필요 없는 걸 비우는 것이란 걸 알게 되면서다. 앤 린드버그가 깨달은 중요한 인생의 단어는 '레스피트Respite 힘들거나 불쾌한 시간의 일시적 중단'였다. 나 홀로 바닷가에서, 그녀는 인간이 발전하려면 자발적 중단의 시간이 필요하다는 것을 깨달았다. 그런데 "그 중단의 시간은 누군가 주지 않으므로 결국 스스로 찾아야 한다"고 말한다.

늘 뭔가에 쫓기는 우리는 그것도 모자라 더 빨리, 더 많은 걸 해내라는 사회의 압박을 받는다. 그런 우리의 삶에서 Off의 기능이 제대로 작동할 수 있을까.

여전히 나는 혼자 있는 시간이 낯설다. 지저분한 방은 어질러진 내 삶 같아 마땅치 않다. 로또 복권을 사지 않은 주에는 혹시나 있을 우연의 보물을 놓칠까 봐 조급하다. 고독이라는 사치를 맘껏 즐기기엔 밥벌이의 무거움이 크다. 어떤 날 멍하니 밤하늘을 올려다보면 '어쩌다 이 지경이'라는 생각에 코끝이 시큰해진다.

"어차피 인생은 '미 퍼스트'야. 나를 챙기지 않으면 자꾸 삶에 불만을 갖고 핑계만 대. 난 그게 싫었어. 먼저 자신을 챙겨야 해. 자신을 잘 챙겨야 주변을 챙길 수 있는 거야. 인생을 풍요롭게 살려면 무엇보다 나를 응원하는 시간이 필요한 거야."

어른이 되어 맞이하는 '혹시나, 깊은 우울증'의 바탕에는 이러지도 저러지도 못하는 무기력함이 묻어 있다. 여전히 혼자 있는 시간이 괴롭다. 쓸데없음으로 채워진 뭔가를 비울 시간이, 그 시간에 다가올 외로움을 상대할 배짱이, 다시 돌아와 더 풍요로울 자신이 없다.

우리는 혼자 있는 시간을 원하지만, 그 시간을 온전히 즐기는 방법을 알지 못한다. 빈센트의 '혼자있기'에서 그 힌트를 찾아본다. 그는 '단계적인 혼자 있기'를 추천한다. 예를 들어, 요리하는 시간이 그렇다.

1. 요리하는 시간에 대한 이유가 필요하다빈센트는 자기 몸에 맞는 먹거리는 자기가 해야 한다고 생각했다

2. 적당한 시간을 비워야 한다하루 24시간 중 내 삶의 필요에 따라 1시간을 할애하지

3. 반복의 시간자신의 것으로 만들기 위해 필요한 습득의 시간

4. 연습의 시간그동안 해온 바를 실행하는 시간

5. 습관이 된 시간그렇게 혼자 있는 시간은 삶의 습관이 된다

혼자 있는다는 건 '내 삶의 좋은 습관 하나를 만드는 트레이닝의 과정이 아닐까' 라고 잠시 생각해 본다.

가끔은, 주변 사람들 중에 용감하게 혼자 있는 시간을 선택한 사람들이 있다. 직장에서 명예퇴직하고 한 달 동안 홀로 산티아고 순례길을 걸은 사람. 묵묵히 공무원 생활을 마친 후 어느 날 "지금까지 가족을 위해 살았으니 혼자 한 달의 시간을 갖겠다"는 말을 휙 던지고 전국 여행을 떠난 남자. 그들을 보며 "인생 뭐 있나, 나도 '미 퍼스트'로 살아볼까" 하다가 문득 깨닫는다.

아, 그분들은 가족들 뒷바라지할 만큼 다 하고 직장 생활 역시 거의 정년을 다 채운, 남다른 책임감을 지닌 가장이 아니던가!

그럼에도 어느 날, 아내에게 단단히 마음을 먹고 말했다.

"나도 혼자의 시간을 가져야겠어."

주눅 든 40대는 한 문장을 간질간질하게 덧붙였다.

"오늘 하루만 어떻게 안 될까?"

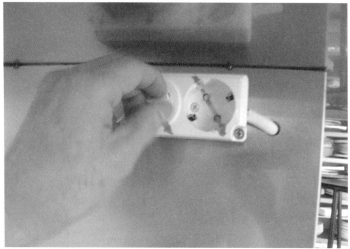

어른의 쓸모에 관한
다섯 번째 이야기

"따지고 보면 너나 나나 막막한 인생이지.
막막할 때 필요한 게 뭔 줄 알아? 일부러
'착각'하고 사는 거야. 힘든 시간이 지나면
빛나는 날이 올 거라는 희망을 품는 거지. '자발적
착각'은 누구나 가질 수 있는 공짜니까."

사람 사이의 적당한 거리

어느덧 결혼을 하고 가정을 꾸리고, 육아까지 신경 쓰다 보니 편하게 친구를 만날 날이 드물다. 일하는 곳 따라 사람 관계가 달라진다고, 하던 일을 바꾸니 그동안 만나던 사람들도 멀어진다. 서로 맞닿은 이야기가 없으니 소원해지는 건 당연한 일이다. 그래도 '이 사람과는 계속 가야 하는데'라는 생각이 들면 가끔 아쉽다. 어른의 사람 관계는 어떤 지점에 있을까.

"사람이 그립다가도, 사람이라서 번잡하다."

인생 중반의 나이가 되니 꾸준히 만난다는 것과 마음으로 만나는 것이 별반 다르지 않다는 것쯤은 알게 된다. 그렇게나마 자주 볼 수 없음을 다독인다. 시도 때도 없이 커피숍에서 시간을 때우던 그런 날들이 아쉽지 않다. 그때는 쓸데없이 시간이 많았다. 지금 별반 이룬 게 없고, 그만큼 여유가 없는 어른이 되다 보니 '시간을 때우는' 일상에 민감하다.

"차라리 그 시간이 있으면 딴 걸 채울 텐데."

빤한 친구의 얼굴을 마주하기보다는 어제와 달라진 소식을 듣기를 바란다. 사춘기도 아닌데 가끔 사람 관계에 대한 질문을 던질 때가 있다.

"어른이 되어 챙겨야 할 친구의 적정한 숫자는 몇 명일까?", "어떤 친구가 진정한 친구일까?", "친구라면 얼마나 자주 만나야 할까?"

번잡한 사람 관계를 피하기 위해 애쓰지만, 여전히 적당한 사람의 숫자가 그리운 어른의 시절을 마주한다. 빈센트의 집에는 스스럼없이 찾아오는 이들이 많다. 그의 유쾌함과 쓸모가 그 활기찬 관계를 만든다. 관계의 적정성을 떠올리는 날이 있다.

"나도 친구가 그리 많지 않아. 많은 친구는 필요 없어. 지금 내 옆에 있는 사람들이 소중할 뿐이지."

"지금이면 아내와 적절한 친구가 되는 법을 잘 알겠네요?"

"아니지. 아내와는 친구가 되긴 힘들어. 여자를 안다는 건 정말 힘든 일이야. 인생이라는 사이클을 생각해봐. 우리는 남자와 여자의 다름을 알기 전에 결혼하고 가정생활을 시작하잖아. 서로 적절한 친구가 되는 법을 알기 전에 관계가 맺어지는 거야. 당연히 부부 관계가 어려운 거야. 관계를 알기엔 너무 어린 나이에 얽히고, 또 어린 나이라서 서로의 관계를 각자 유리하게 정리하려고 하니까 갈등이 생기는 거야. 원래 사람 관계는 너무 얽히면 안 되는 거야."

왜 우리는 관계에 집착하고, 서로의 기준에 맞지 않는다고 짜증이나 화를 내며 살까. 나아가 관계는 누군가 한쪽에게는 유리하게 정리되어야 한다고 생각하는 것일까. 관계도 삶도 정리 정돈을 잘 못하는 어른이 되었다.

어느 날 아침, 나보다 더 정리 정돈을 못하는 사람을 가까이 볼 때가 있다. 내 딸이 그렇다. 딸은 통에 담긴 소꿉장난용 놀잇감들을 매일 밖으로 꺼내 흩트린다. 자기의 온갖 장난감을 거실에 내팽개친 뒤 흐뭇하게 웃는다. 그 장난감들을 다시 주워 담는 건 어른의 몫이다. 장난감을 하나씩 주워 담느라 슬며시 짜증이 나다가 문득 생각한다.

"어른의 정리 정돈하는 법이 과연 맞는 걸까? 아이처럼 제멋대로 흩트리거나 내버려두는 게 누군가에겐 적절한 정리법이 아닐까."

어른은 적당히 정리된 공간에 편안함을 느끼고, 딸은 적당히 흩어진 공간에 안정감을 느낀다. 우리가 어렵게 생각하는 '인간관계'가 어쩌면 그렇지 않을까. 누군가에게 유리한 공간이 아니라 각자에게 적절한 '공간'이면 되는 게 아닐까.

"관계에서는 자기 욕심을 부리면 안 돼. 부부 관계는 서로 싸우고 짜증 날 때가 있잖아. 그럴 때 각자의 공간에서 각자의 시간을 잠시 갖는 거야. 그런 적절한 공간과 시간이 있을 때 우리는 좋은 친구가 될 수 있어."

나이 들수록 사람 관계를 걱정하는 이유는 더 이상 상대의 있는 그대로를 받아들일 수 없어서일지 모른다. 내 기준대로 사람 사이를 정리 정돈하려다 보니 관계가 삐그덕대는 것일 수 있다. 빈센트가 말했다.

"사실 나의 가장 친한 친구는 바로 나야. 나는 나에 대해서는 절대 비판하지 않아. 나에 대해서는 이건 좋다, 이건 나쁘다, 이런 평가를 하지 않는 거야. 그냥 있는 그대로의 나를 받아들이는 거지. 그게 가끔 혼자의 적절한 시간을 갖는 이유이면서 남을 대할 때 여유를 갖는 방식이야."

오늘도 딸은 장난감들을 제멋대로 내버려두었다. '이게 나의 정리법이야. 그러니 아빠가 이해해'라고 말하는 것처럼. 딸의 장난감들은 저마다 자유로운 간격을 두고 흩어져 있었다.

느슨하게 엮인다

어느 날, 우리는 인간관계에 대한 이야기를 나누었다. 사람과 사람 사이는 어느 정도가 적당할까.

내 시대의 사람 관계는 꽤나 무겁고 쫀쫀한 편이었다. 예를 들어 "〈삼국지〉를 세 번 이상 읽지 않은 사람과는 인생을 논하지 말라"거나, "진정한 친구 셋이 있으면 성공한 인생이다" 같은 말들에 사로잡혔다. 사람 관계가 이만큼이나 무겁다니.

살다 보니 〈삼국지〉 한 장 안 읽은 사람 중에 흥미로운 사람이 많고, 친구에 얽매이지 않고도 걱정 없이 살아가는 사람들이 있었다. 그러고 보면 스트레스 받는 인간관계의 한편에 '엮여야 된다'는 오래된 관념이 있다. 그냥 나 혼자 즐거워도 좋을 일인데. 아직은 시대가 건넨 사람 관계에 짓눌릴 때가 많다. 간편한 관계의 즐거움이 분명 있는데, 그럼에도 "우리가 남이가"를 외치는 이들의 속셈은 딴 데 있다는 것을 생각한다.

어쩌다 우리는 '관계'를 말할 때 무거운 부채감을 안게 된 걸까. 엮이지 않으면 불안한 감정 같은 것 말이다. 누군가 만들어둔 평가의 기준에 따르는 한 우리는 늘 불안하다.

어느 연말에 받은 인사 문자 하나가 인상 깊었다. 문자 내용은 이러했다.

"연말이면 휴대폰에 저장된 번호 리스트를 쭉 보면서 친구인 사람들을 확인한다. 필요 없는 사람들의 번호는 정리하는 시간이다. 당신은 친구 같은 사람이라 연말 인사를 보낸다."

와우, 누군가에게 내가 필요한 사람이라니. 연말에 문자를 받고 꽤 우쭐했던 기억이 있다. 돌이키면 마냥 들떠 있을 문자만은 아니었다. 지금은 필요한 사람이지만 언젠가 그럴 필요가 없어지면 나 역시 누군가의 휴대폰에서 정리 대상이 되는 셈이다. 거기까지 생각하면 왠지 관계에 대한 씁쓸함이 느껴진다.

이런 생각까지 하는 건 쓸데없이 예민한 나의 성격 탓이다. '앞으로 더 좋은 관계를 만들어야지' 하면 숙제 같다. 마음에 그런 부담이 오면 결국엔 관계가 서서히 멀어지는 경우가 많았다. 그다음 해에도, 다음 해에도 상대에게 같은 연말 인사를 받지 못했다.

이제는 사람 사이의 적당한 관계를 몰라 무거움이 가득했던 청춘의 나이가 아니다. 어느 시절의 사람 관계는 '시리어스Serious'보다는 '캐주얼Casual'이 낫다. 너무 무겁지 않으면서, 서로 무슨 얘기를 하는지는 짐작할 수 있는 사이. 옆에서 제 사는 이야기를 흘러가듯 털어놔도 알 만큼 아는 사이. 그런 캐주얼한 관계가 늘어나면 좋을 일이다.

빈센트의 사람 관계는 물어보지 않아서 잘 모르겠다. 다만 그의 집에는 나 말고도 여러 손님이 드나들었다. 어느 날엔 20대로 보이는 젊은 친구가 왔고, 어느 아침엔 그 또래의 세련되게 치장한 여성이 들를 때가 있었다. 그들은 우리가 나누는 이야기에 잠깐 관심을 기울이다 자기들 볼일을 봤다. 누구나 그들에게 크게 신경 쓰지 않는 눈치였다. 다들 자기 할 얘기 하고 자기 볼일 보다가 때가 됐다 싶으면 아쉬움 없이 집을 나섰다. 참 캐주얼한 관계였다.

나의 또래들은 평소 얼굴 볼 시간이 없다. 일에 치이고, 밥벌이에 바쁘고, 가족을 챙겨야 하고, 우선순위가 넘쳐나는 우리들의 삶이 그렇다. 어느새 친구 관계는 우선순위에서 뒷전이 됐다. 그래서일까. 한 번 친구를 보려면 거창하게 날짜를 맞추고, '조만간 밥 먹자'는 말을 빼면 서운하고, 어렵사리 만났으니 뭔가 '허심탄회'한 얘기를 나눠야 할 것 같다. 친구 한 번 보는 게 이토록 '시리어스'하니 자주 보는 것도 부담인 셈이다. 다른 여러 것이 삶을 무겁게 하니 관계라도 가벼운 게 낫지 않을까.

"집에 자꾸 여러 사람이 찾아오면 불편하지 않아요? 집은 사적인 공간이고 또 혼자만의 시간이 필요할 텐데."

"아니, 불편하지 않아. 나에게 친구들과의 교류는 에브리데이 파티 타임Everyday party time 만나면 늘 즐거운 사이일 뿐야."

빈센트는 만남이 파티라고 했다. 누군가의 무거운 만남과 또 누군가의 즐거운 교류에 존재하는 지구와 명왕성만큼의 거리감이라니. 이런 캐주얼한 사람 관계의 핵심은 하나 더 있다. 빈센트는 "우리는 포멀Formal하지 않아. 느슨하기Loose 때문에 꾸준한 관계를 맺는 거야"라고 말했다.

빈센트를 찾아온 친구들과 그들의 시간은 말 그대로 '포멀'하지 않았다. 서로 바쁜 시간을 냈으니 그럴듯한 뭔가를 해야 할 것만 같은 조급함이 보이지 않았다. '오늘 잠깐 봤으니 내일 잠깐 또 보면 되지 뭐.' 그런 관계로 보였다. 느슨했지만 쫀쫀해 보이는 게 수상하다면 수상할 일이다. 마치 어른들의 교류란 이러해야 한다는 것처럼.

"내가 볼 때 요즘 사람들은 뭔가 엮이고 싶거나, 엮여야 되기 때문에 교류를 하는 것 같아. 그런 관계는 부담되고 피곤해. 사람을 만나는 게 지루하고 부담이 되는 거야. 난 '포멀'한 만남을 싫어해. 어른이 된다는 건 어떤 목적을 갖고 만나는 약속을 잡지 않는 거야. 서로 돌 모이고 싶을 때 모이는 자유로움이 있어야 꾸준한 관계가 유지될 수 있어. 요즘 사람들은 친구를 만날 때도 압박감 같은 걸 갖고 살지 않아? 애써 만나야 할 숨은 목적들이 있고, 뭔가를 엮어야 하고, 친구를 만나는데 시간을 짜내야 하고. 나도 옛날에 그런 관계를 맺었는데 그러면 지치게 마련이야. 어른들의 교류에는 '느긋함'의 규칙이 필요해. 뭔가 다른 속셈이 있어서 시간을 정하거나 쫓기면서 어울리지는 말자는 삶의 약속 같은 거지. 이런 느긋함이 있으니까 친구들이 모이는 날은 파티가 될 수 있는 거야. 지속 가능한 관계가 되려면 서로 '느긋함'에 관한 약속이 있어야 하지 않을까."

소식 없던 친구에게 갑자기 연락이 오면 덜컥 걱정이 앞서는 나이가 되었다. '어머니가 돌아가셨나', '돈을 빌려달란 얘기인가', '또 직장을 때려치우겠다는 건가' 등 삶의 안부를 먼저 걱정하는 관계가 되었다. 자주 보지 못해 그렇다, 여전히 내 앞가림을 못해 그렇다, 가족을 먹여 살리다 보니 그렇다, 느긋하지 못해 그렇다. 느긋한 관계를 외면하는 말들이 갈수록 늘고 있다.

각자 삶의 조급함이 관계의 부담이 되는 시대라니. 지금 빈센트는 '그렇지 않아도 된다'는 말을 해주고 있다. 우리는 언제쯤 사람을 만나면서 느긋해질 수 있을까.

무덥고 습한 계절이 다시 지나가고 있었다.

착각하며 산다

지친 하루를 보냈다. 회사 옆 작은 공원의 벤치에 몸을 기댔다. 목을 뒤로 젖히고 하늘을 쳐다본다. 유난히 맑은 하늘이다. 아래를 향한 시선에는 답답함만 가득하다. 애써 위를 올려다봐야 심호흡이 되는 날이 있다.

오래된 '취중진담'의 문자가 떠오른다. 술에 취해 늦은 어느 밤, 친구들에게 뜬금없는 문자를 보낸 적이 있다. 문자의 내용은 화가 폴 고갱의 유명한 그림 제목을 빌린 것이었다.

"우리는 어디에서 왔으며, 무엇이며, 어디로 가는 걸까."

몇 명에게 동시에 보냈는데 답 문자는 하나였다.

"술 많이 취했구나. 조심해서 들어가라."

다음 날 아침까지 친구들의 답은 오지 않았다. 다들 밥벌이에 지쳐갈 뿐, 아무도 그 답을 내놓지 못한 것일까. 아니면 어른이 되어서도 현실적이지 못한, 쓸데없는 인간의 주저리라 생각한 것일까. 마흔의 궁색한 삶을 구구절절 얘기하고픈 마음은 없다. 굳이 떠들지 않아도 너만큼 주눅 들고, 너만큼 외롭고, 너만큼 잘 안 풀리고, 너만큼 머뭇거린다는 것은 잘 알고 있다.

〈우리는 어디에서 왔으며, 무엇이고, 어디로 가는가〉는 고갱의 1897년 작품 제목이다. 당시 고갱의 그림은 잘 팔리지 않았고, 부부 관계도 악화 일로였다. 고갱이 사랑했던 섬, 타이티는 서구 자본주의가 들어오면서 타락하고 있었다. 고민과 우울에 빠진 고갱은 밀림에 들어가 이 그림을 완성했다고 한다. 그림은 철학적인 제목만큼이나 고갱의 최대 걸작으로 꼽힌다. 자신의 '졸작 인생'을 한탄하는 21세기의 한 어른이, 걸작의 제목을 빌려 묻는다.

"우리는 무엇이고, 어디로 가는 걸까."

그런 한심한 날에 빈센트가 답했다.

"살다 보면 누구나 안 풀릴 때가 있어. 그렇게 힘들게 지나가는 시기가 있는 거야. 그 시간은 너의 카르마Karma 업보라고 생각해야지. 쓴맛, 짠맛을 제대로 맛봐야 진짜 단맛을 알 수 있는 거야. 그러니 힘든 시간이 다가올 때 너무 힘들어하지 마. 혹시 인간이 신이라고 생각하는 거야? 천당과 지옥 앞에서 발버둥치는 게 바로 인생인 거야."

그의 위로는 꽤 도움이 됐다. 정작 그도 두려울 때가 있다고 말했다. 빈센트는 두려움의 시간은 누구나 맞이할 수 있으니 그 시간에 대비하는 '쿠션Cushion 완충제'이 필요하다고 말한다.

"최근까지 인문학 열풍이 불고 있지. 사람들이 어디로 가야 할지 알 수 없어 두려운데, 마땅히 기댈 데가 없어서 그런 거겠지. 악착같이 사는 거 같은데 돌아보면 아무것도 이룬 게 없어. 그래도 너무 걱정하며 살 필요는 없어. 여전히 우리는 살아가고 있는 거니까. 대신 두려움에 빠질 시간에 다양한 삶의 지식을 배울 필요가 있어. 돈을 버는 지식이 아니라 삶의 기술 같은 것! 그런 삶의 지식을 많이 배워두면 힘든 시간에 나를 다독이는 훌륭한 '쿠션'이 될 수 있겠지. 인간은 살아가는 지식을 배우는 데 있어서는 절대 게을러서는 안 돼. 난 지금도 하고 싶은 게 너무 많아. 그래서 시간 가는 게 두려워."

빈센트는 누구나 두려운 삶에 처방전을 주는 걸 잊지 않았다.

"따지고 보면 너나 나나 막막한 인생이지. 막막할 때 필요한 게 뭔 줄 알아? 일부러 '착각'하고 사는 거야. 그래도 잘 살고 있다고, 헛꿈을 꾸는 것도 꿈이라고, 그런 착각을 하는 거야. 힘든 시간이 지나면 빛나는 날이 올 거라는 희망을 품는 거지. 누군가에겐 희망 역시 착각이겠지만 그래도 난 알지. 가난하고 운 없는 사람에겐 '자발적 착각'이 훌륭한 앤티도트Antidote 약물 중독을 치료하는 해독제가 될 수 있어. 게다가 '자발적 착각'은 누구나 가질 수 있는 공짜니까."

희망이 없는 사람은 인생이 짧다고 말한다. 희망을 가진 사람은 삶이 길다고 말한다. 빈센트는 곧잘 자기는 300세까지 살 거라는 말을 한다. 아직 할 일이 많아서 가능한 한 오래 살아야겠다는, 희망을 가진 인간의 오래된 농담이다. 그 반대로 나는 할 일이 떠오르지 않아서 짧은 인생이어도 충분하지 않을까라는 생각을 한다. 오래된 '희망'을 간직한 어른과 그 반대쪽에 선 젊은 자의 '포기'는 민망하다.

가끔 나보다 위인 형들이 오래된 농담을 할 때가 있다.

"야, 네 나이 때 나는 날아다녔어."

하하하. 이런 말을 들으면 뭔가로 한 대 맞은 듯 어찌나 웃음이 나던지. 우리는 제 나이가 주는 무게감에 치여 '희망'의 나이를 잊고 살 때가 많다. 인간 수명을 대하는 빈센트의 이 말을 충분히 곱씹어야 했다.

"인간이 300년을 산다고 생각해봐. 그러면 현재를 바라보는 프레임이 달라질걸. 인생을 짧게 바라보면 짧은 일밖에 못 하는 거야. 긴 호흡을 갖고, 그에 맞춰 시간의 프레임을 바꿔봐. 긴 시간에 맞춰 천천히 나아가는 거야."

고갱의 걸작 〈우리는 어디에서 왔으며, 무엇이고, 어디로 가는가〉를 생각한다. 현재에 우울했던 화가는 미래의 인간들에게 이런 말을 들려주고 싶었던 게 아닐까.

"우리는 '무엇'이며, 어디든 갈 수 있다."

아픈 우리들에게 '자발적 착각' 한번 해보자고 권하는 날이다.

자꾸 기웃거린다

따스한 햇살을 머금은 어느 날, 빈센트가 이런 얘기를 꺼냈다.

"인간의 삶이 튼튼하려면 뭘 해야 할까?"

잠시 나는 머뭇거렸다. 지금 내 삶은 튼튼할까? 가진 것이, 쌓은 것이, 이룬 것이 드물지만, 그나마 삶의 긍정성을 가져 다행이랄까. 내가 가진 긍정성에 기대면 '그렇다'고 하겠지만, 그 긍정성을 거두면 '글쎄요'가 맞는 대답일 것이다.

"튼튼하게 지내려면 여기저기 기웃거려야 해. 그 다양한 경험이 삶을 튼튼하게 만드는 거야."

30대에 잠깐 목수 일을 기웃거리던 기억이 났다. 을지로에 들러 몇 가지 목수 일에 필요한 초보용 도구를 사고, 집 근처의 목공 방에 다녔다. 주말이면 공방에 들러 두세 시간을 보냈다.

목공 초보의 일은 어려울 게 없었다. 만들고 싶은 가구를 생각하고, 공방 주인의 도움을 받아 도면을 그린다. 가구에 쓰일 재료를 선택하고, 사이즈에 맞게 나무를 잘랐다. 자른 나무에 사포질을 하고 용도에 맞게 결합했다. 가구가 완성되면 칠을 하고 하루 정도 말렸다. 공방에서 작은 책장을 만들고, 나무 스툴을 만들었다. 공방에 들른 것은 두 달 남짓. 기웃거린 시간이 너무 짧아 삶이 튼튼해졌다는 말은 꺼내지 못하겠다. 그래도 손 쓰는 즐거움을 조금 알았던 시간이라고 할까.

공방의 기억에서 특이한 건 주인장 목수의 무뚝뚝함이다. 회원을 상대로 하는 곳의 주인이라 하면 서비스 마인드를 갖춘 친절함이 기본이다. 막상 다니던 공방 주인은 그렇지 않았다. 작업에 필요한 말만 툭 내뱉을 뿐 다른 친절을 베풀지 않았다. 그는 나무만큼 딱딱한 인간이었다.

"손 쓰는 사람들이 왜 무뚝뚝한 줄 알아? 그건 상냥할 시간이 없기 때문이야. 작업을 하면 그대로 결과물이 나오잖아. 그 결과물을 보면 만든 사람의 실력이 그대로 드러나니까 거기에만 몰두할 뿐이지. 상냥한 말재주를 키워봐야 자기 인생에 별반 쓸 데가 없다는 걸 아니까. 그래서 정치가와 목수는 다른 삶인 거야. 정치가들은 말로 먹고살지만, 목수들은 말이 필요 없거든. 손 쓰는 이들의 삶은 무뚝뚝한 만큼의 정직함이 배어 있는 거야."

빈센트의 해석력은 가끔씩 이렇게 기막혔다. 돌아보면 내가 목공을 기웃거린 이유는 머리를 쓰는 일에 지쳤기 때문이다. 입으로 벌어먹기보다 손으로 만들어내고 싶은 욕망이 있어서였다. 빈센트의 말처럼, 여기저기 기웃거리면서 다양해지고 싶은 삶을 꿈꿨다. 그때 기웃거린 목공을 계속해왔다면 지금쯤 무뚝뚝하지만 실력 있는 어른이 되었을까. 인간을 튼튼하게 만드는 기웃거림에는 그만큼의 적정한 시간이 필요하다는 것을 깨닫는다. 그저 기웃거리고 지나간 시간들이 아쉽다.

"그래도 도구를 쓰는 즐거움을 배웠으면 된 거야. 인생은 두 가지가 능숙해야 해. 먼저 음식을 만들 줄 알아야 하고, 두 번째로 도구를 능숙하게 다룰 수 있어야겠지. 두 가지를 할 줄 아는 남자면 어느 정도 쓸모 있는 인간은 된 거야. 무엇보다 손으로 뭔가를 만드는 인간은 믿을 만한 사람이거든."

그래 봐야 내가 만든 건 스툴과 작은 삼단 선반이 전부. 그나마 두 물건 모두 이사를 다니느라 버려졌다. 잠시의 즐거움만 기웃거린 삶이 후회될 때가 있다. 잠시 사용하다 버려진 스툴 같은 인생이 된 게 아닌가 할 때. 한 번 사는 삶인데 뭔가 하나쯤은 그럴듯하게 만들어놔야 하는 게 아닌가라고 나를 재촉할 때가 있다. 아무것도 만든 게 없으니 너무 허약해서 '과연 나는 쓸모 있는 인간일까' 그런 허무함이 찾아온다.

"돌아보면 나도 그런 생각을 할 때가 많았지. 그런데 젊어서의 걱정은 고통일 뿐이야. 뒤늦게 돌아보면 그 걱정이 삶에서의 좋은 과정이란 생각을 하게 돼. 세상 아빠들에게 물어봐. 당신 삶이 그렇게 형편없진 않을걸. 제 자식 만든 게 얼마나 멋있어? 그것만으로도 뭔가를 벌써 이룬 거야. 그런데 인간은 자기가 이미 이룬 거는 생각 안하고, 부족하고 갖지 못한 것만 추구해. 결국 최종 정산은 생을 마칠 때 하는 거니까 여전히 우리에겐 시간이 남은 거야. 그러니 지금은 걱정할 때가 아니라 여기저기 기웃거릴 때라고!"

빈센트는 주방용 칼을 하나 사면 평생 쓸 수 있는 칼을 사고 싶어 했다. 오래 쓰는 칼이라면 바탕이 좋아야 할 것이고, 칼을 사용하는 인간 역시 때에 따라 잘 갈아줘야 할 일이다.

내 나이 20대였으면 '누구나 마음속에 칼 하나쯤은 품고 있다'는 근사한 말을 했을 텐데. 어설픈 어른이 된 지금 그런 말을 하기는 그렇다. 대신 이런 말로 나를 위로해본다.

"무딘 칼이면 어떤가. 지금이라도 잘 갈면 어딘가에 쓸모가 있지 않을까."

"지금 당신의 삶, 여러모로 괜찮군요."
내 가까운 친구 빈센트가 자주 듣는 말이다.
우리라고 그 칭찬을 듣지 못할 이유는 없다.
이제 책장을 덮고, 각자의 '쓸모'와
'괜찮음'을 찾는 여행을 떠나보길 권한다.

에필로그

그럼에도, 괜찮음

책을 시작하면서, 그렇잖아도 힘든 게 많은 세상 혹시나 '쓸모' 여부를 따지는 이 책이 버거운 삶을 더 고민하게 하면 어떡하나 걱정이 있었다. 그럼에도 '쓸모 인류' 빈센트와 나눈 이야기가 별 볼 일 없는 어른의 삶을 바꾸는 작은 힌트로 다가왔다면 그것만으로 이 책의 쓸모는 됐다. 어쩌면 우리는 빈센트를 통해 '괜찮음'에 관한 이야기를 꺼내고 싶었던 건지도 모른다.

내가 애정하는 책 중에 장 자끄 상뻬의 〈얼굴 빨개지는 아이〉가 있다. 시도때도 없이 얼굴이 빨개지는 아이와 쉬지 않고 재채기를 하는 두 외톨이 꼬마의 이야기다. 나는 상뻬의 소중한 글 중에 등장하는 수식어가 마음에 들었다. 예를 들면 이런 수식어다.

여전히 시도때도 없이 얼굴이 빨개지지만, 그럼에도… 바로 이 〈그럼에도〉가 좋았다. 아이건 어른이건 이 〈그럼에도〉가 간직되었으면 하는 바람이다.

"지금 당신의 삶, 여러모로 괜찮군요." 내 가까운 친구 빈센트가 자주 듣는 말이다. 우리라고 그 칭찬을 듣지 못할 이유는 없다. 이제 책장을 덮고, 각자의 '쓸모'와 '괜찮음'을 찾는 여행을 떠나보길 권한다. 다시 빈센트의 말을 빌리면

우리 앞에는 뭘. 해. 도. 충. 분. 히. 가. 능. 한. 시. 간. 이 기다리고 있으니까.

어른의 쓸모에 대해 묻다

쓸모 인류

초판 1쇄 발행 2018년 11월 12일
초판 5쇄 발행 2020년 1월 10일
지은이 빈센트, 강승민
펴낸이 안지선

마케팅 최지연 김재선 장철용
제작 투자 타인의취향
교정 신정진
표지 디자인 한은혜
본문 디자인 한은혜 땡큐마더
일러스트 요이한
사진 전택수 윤상명
인쇄 (주)상식문화

펴낸곳 (주)몽스북
출판등록 2018년 10월 22일 제2018-000212호
주소 서울시 서초구 신반포로3길8 반포프라자 321
이메일 monsbook33@gmail.com
전화 070-8881-1741
팩스 02-6919-9058

ⓒ 빈센트리 강승민, 2018

ISBN 979-11-965190-0-1 03190

이 도서의 국립중앙도서관 출판도서목록(CIP)은 서지정보유통지원시스템 홈페이지(http://seoji.nl.go.kr)와
국가자료공동목록시스템(http://www.nl.go.kr/kolisnet)에서 확인하실 수 있습니다(CIP 제어번호 : CIP2018034577).

mons (주)몽스북은 생활 철학, 미식, 환경, 디자인, 리빙 등 일상의 의미와 라이프스타일의 가치를 담은 창작물을 소개합니다.